Hans-Jürgen Brandt

Spuren

Hans-Jürgen Brandt

SPUREN

Bruchstücke und Episoden
aus meinem Leben

Bibliografische Information der Deutschen Nationalbibliothek:
Die Deutsche Nationalbibliothek verzeichnet diese Publikation
in der Deutschen Nationalbibliografie; detaillierte bibliografische
Daten sind im Internet über http//dnb.dnb.de abrufbar

Herausgeber: Hans Ulrich Sieveking

Leverkusen 2018

© Hans Ulrich Sieveking

Herstellung und Verlag: BoD – Books on Demand, Norderstedt

ISBN 978-3-7460-0601-7

Inhalt

Kindheit im Dritten Reich (1931–1945)

1. Mein Vater

Mein Vater, Sternzeichen Löwe, war klein, schmal, später leicht gebeugt – mit Geheimratsecken und sich langsam zur Tonsur auflichtendem Haupthaar (Abb. S. 78). Er wies äußerlich nichts von dem ihn seit Geburt begleitenden Himmelszeichen auf, ja, er trug, seitdem ich denken kann, eine Brille. Als eine Art Universalgenie kochte er immer sonntags und machte den Braten. Ja, ich glaube, meine Mutter hat von ihm das Kochen gelernt. Und er beherrschte die verschiedensten Instrumente – bis auf die Geige. In der Wohnung meines Großvaters übte er auf seiner Geige unermüdlich Etüden – bis es diesem zuviel wurde. Mein Großvater (Abb. S. 78) verbat sich „dieses ewige Gefiedel". In einem Wutanfall zerbrach mein Vater das Instrument über seinem Knie. Dafür spielte er später traumhaft Mandoline und beherrschte die so wenig bekannte Okarina.

Von meinem Vater hängen in meinem Wohnzimmer zwei treffende Rötelzeichnungen, eine Zeichnung von meiner Mutter und ein Selbstportrait. Die Ölgemälde von ihm kann ich nicht alle bei mir aufhängen.

In der Zeit der großen Arbeitslosigkeit bastelte er für mich alle Spielzeuge, die man sich damals wünschen konnte: eine große blaue Lokomotive, zwei Güterwagen, von denen einer zwei Schiebetüren besaß, so dass verschiedene andere Spielzeuge hineingelegt werden konnten. Weiter gab es einen braunen im Körper beweglichen Dackel und einen hoppelnden Hasen. Alles auf Rädern und zum Hinterherziehen. Natürlich aus Holz und beispielhaft bemalt. In unserem Familienalbum gibt es ein Foto von mir, auf dem ich auf meinem Stühlchen sitze und alle meine Tiere um mich herum versammelt habe. Natürlich wollte ich damals Zirkusdirektor werden. Später bekam ich einen Dolch aus Holz, der unserem Brieföffner nachempfunden war. Für ihn, als einen gelernten Schlosser, musste ich natürlich ein zentrales Werkzeug kennenlernen: den Hammer. Ich erhielt den Hammer aber ganz aus Holz, also Stiel und Hammerkopf aus demselben Material. Selbstverständlich war alles solide und robust gefertigt. Das hatte schlimme Folgen. Im Schlafzimmer meines Großvaters, in dem auch ich neben ihm schlief, stand ein großer weißer Kachelofen. Als ich wieder einmal ganz allein in dem Zimmer spielte und es mir mit dem Hinunter- und Herausrutschen unter den Betten zu langweilig wurde, holte ich den Holzhammer hervor. Ich begann ihn unten am Kachelofen auszuprobieren. Es gelang mir sehr schnell und erfolgreich, die Glasur der weißen Kacheln Stück für Stück abzuschlagen. Am Ende fand ich den unteren Teil des Ofens beachtlich verändert. Für meine Eltern und meinen Großvater war das eine Katastrophe, denn unser bärbeißiger Hausbesitzer wohnte mit im Haus. Wie sollten wir bei der kargen Rente meines Großvaters und dem geringen Verdienst meines Vaters die Reparatur bezahlen? Da half auch der Ausklopfer meiner Mutter, mit dem ich es danach zu tun bekam, wenig.

Als wir 1941 in Dessau endlich eine Wohnung bekamen und mein Vater nicht mehr von Roßlau nach Dessau zu den *Junkers*-Werken fahren musste, hatten wir das Glück, dass zu der Wohnung direkt vor dem Schlafzimmer ein kleiner Garten gehörte, achtzig Quadratmeter. Dieser half uns in Zeiten knapper Lebensmittel – alles war rationiert –, den größten Hunger zu lindern. Ein besonderes Hilfsmittel waren da die Kaninchen. Ein Kaninchenstall musste her. Platz dafür gab es auf einmal. Ich weiß heute noch nicht, wo mein Vater die Bretter, das Drahtgitter für die Türen und die Dachpappe für das Dach her bekam. Die ersten Kaninchen, die wir hatten, waren *weiße Wiener*. Diese überzüchtete Rasse hatte jedoch einen genetischen Fehler. Die Tiere bekamen immer die Schüttellähmung, an der sie schnell starben. Also wechselten wir zu den *belgischen Riesen*, die wir von dem Freund meines Vaters, dem Meister Große, bekamen. Mit dem Sohn von Herrn Große ging ich zur selben Schule, dem Goethe-Gymnasium im *Bauhaus*. Gerhard Große war allerdings in einer Parallelklasse. Die *belgischen Riesen* gediehen prächtig, unsere Zucht wuchs. Leider mussten wir trotz der väterlichen Freundschaft für jede Paarung zahlen, und bei einem erfolgreichen Wurf hatten wir außerdem noch mindestens zwei Junge abzuliefern. Das war jedoch das geringste Problem. Die größte Schwierigkeit bestand darin, das Futter für die wachsende Kaninchenschar zu beschaffen. Bewaffnet mit einem Marmeladeneimer zog ich los, um bei gutbekannten Familien Kartoffelschalen einzusammeln. Fast nie bekam ich den Eimer wirklich voll. Zu allem Übel landeten die Schalen hin und wieder auf der Herdplatte, wo sie gebraten wurden. Also musste anderes Futter her. Da bot sich geradezu der hochwachsende Beifuß an, der überall als Unkraut wucherte, wenn er nicht schon von anderen Futtersuchenden abgeerntet worden war. Immerhin blieben die großen Strünke, die wegen der festen Stiele weniger Blätter boten, aber schnell den großen Luftschutz-Papiersack füllten. Die Papiersäcke waren ursprünglich die Hüllen für die Luftschutzbetten. Mein Vater, der seine Lieblinge unter den Kaninchen hatte, fütterte sie oft mit einigem leckeren Grünzeug aus dem Garten, das sie gern fraßen. Wenn sie aber alle gierig an das Drahtgitter stürzten, schaute er gründlicher nach. Fand er dann die abgefressenen zurückgebliebenen Beifußstrunke, musste ich noch einmal los, um weiteres Futter zu besorgen.

Ganz in der Nähe des benachbarten Ortsteils Alten entdeckte ich eine neue Möglichkeit: Auf einem Acker wurden Lupinen angebaut. Mit einer Sichel, die wie eine verkürzte Sense geformt war – also nicht wie die Sichel im Banner der Sowjetunion –, zog ich mit meinem Strohsack los und begann schnell, die Lupinen hineinzustopfen. Doch bevor ich mein Tagessoll erfüllt hatte, tauchte der Bauer auf. Mit dem Sack und der Sichel darin begann ich so schnell wie möglich davon zu laufen. Jetzt erwies sich die schnell sichelnde

Kleinsense als sehr behinderlich. Durch das Auf und Ab des schwingenden Sacks bohrte sie sich durch den Sack und hackte mir in die Wade. Es schmerzte heftig. Das steigerte jedoch mein Tempo. Ich lief wie um mein Leben. Der Bauer gab schließlich auf. Atempause. Erst jetzt merkte ich, wie mir das Blut am Bein herunterlief. Immerhin hatte ich einen halbvollen Sack mit Lupinen für unsere Kaninchen gerettet, da war mir die beachtliche Wunde egal. Den Rest stoppelte ich mit Beifuss und brav gesammelten Kartoffelschalen zusammen.

Zu meinen Aufgaben gehörte auch, im Sommer die am Dach des Stalles befestigten leeren Säcke zur Kühlung zu befeuchten. Wie das bei Jugendlichen so ist, hatte ich es an einem sehr heißen Tage wieder einmal nicht getan. Zwei Jungtiere hatten die zu große Hitze nicht ausgehalten und lagen im Koma. Meine Mutter beauftragte mich, die vom Tode bedrohten Tiere zu schlachten.

Nun muss man wissen, dass wir zwar alle gern Kaninchenbraten aßen, aber meine Mutter und ich vor dem Schlachten flüchteten. Mein Vater, der an jenen seltenen Fleischfesttagen auch den Braten bereitete, übernahm wie selbstverständlich das Schlachten. Meine Mutter und ich sahen beim ersten Schlachten genau zu. Zuerst betäubte mein Vater das ausgewählte Tier mit einem Hammerschlag auf den Kopf, dann schnitt er mit einem sehr scharfen spitzen Messer die Halsschlagader auf. Sei es, dass er an einem Tag nicht richtig betäubt hatte oder die Ader nicht genau traf, jedenfalls schrie das Kaninchen wie ein schmerzerfülltes kleines Kind. Von dem Tage an blieben wir beim Schlachten nicht mehr in der Wohnung.

Aber diesmal musste ich ran. Mein Vater war nicht da, und ich musste die karge, seltene Fleischration retten. Ich wusste, wie ich vorzugehen hatte – und das gleich zweimal. Das Schlachten verlief so, dass kein Laut zu hören war. Mein Vater hatte, um das Fell abzuziehen, eine Art eisernen Bügel angefertigt, an dem die beiden vorderen Läufe aufgehakt wurden. Das ging bei mir gut, da die Tiere noch dünn waren, sich also leicht abziehen ließen. Als mein Vater am Abend wiederkam, lagen die Jungtiere ausgeweidet und bratenfertig auf dem zuklappbaren Abwaschtisch. Mein Vater sagte kein Wort. Dieses Schweigen war der schlimmste Vorwurf, der mich je traf.

2. Meine Mutter

Das erste Wort, das ich nach Auskunft meiner Mutter (Abb. S. 78) zu sprechen versuchte, lautete *Bubbabong*. Was soviel wie Luftballon heißen sollte. Ich erinnere mich noch gut an den Geruch und die Auslagen des Seifengeschäfts *Lamperts* in Roßlau, wo ich oft nach dem Einkauf einen aufgeblasenen Luftballon erhielt, der an einem Kupferdraht befestigt war. Am Ende klemmte eine konisch gedrehte Spirale den Ballonnippel fest. Der Seifenduft dieses Geschäfts blieb in meinem Gedächtnis und führte bei mir als kleiner Junge zu merkwürdigen Handlungen. Als meine Mutter wieder einmal im Krankenhaus lag und sich das Krankenhauszimmer mit vielen anderen kranken Frauen teilen musste – man sollte daher eher von einem Krankenhaussaal sprechen –, wanderte ich von Nachttisch zu Nachttisch der anderen Patientinnen und probierte deren Toilettenseife. Ich biss einfach hinein, unter heftigem Protest meiner Mutter. Immer wieder versuchte ich es bei all den herrlich duftenden Stücken. Ich konnte es einfach nicht glauben, dass etwas, was so gut roch, nicht auch so gut schmeckte. Natürlich lachten die Frauen darüber, denn es blieb bei einem Biss, bis auch die letzte Patientin mir ihr Seifenstück gereicht hatte und ich enttäuscht von dem bitteren Geschmack endlich aufhören musste.

Die Faszination der glatten und schönen Formen der Toilettenseife, ihr betörender Duft, blieb mir für immer erhalten. Besonders schmerzlich empfand ich daher den Verlust während des Krieges, als es nur Tonseife (RIF 42) gab, die kaum schäumte und ganz ohne Parfümierung geliefert wurde. Die sogenannte *Schwammseife* aus dieser Zeit schäumte zwar, verbrauchte sich aber wegen ihres hohen Luftgehalts rasend schnell. Natürlich roch sie ebenfalls nicht. Meine Mutter hatte sich aber aus Vorkriegszeit etliche Toilettenseifenstücke aufbewahrt, die zum Beduften im Kleiderschrank versteckt gelagert waren. Als ich sie entdeckt hatte, kam zunächst ein klares *Nein*. „Wer weiß, wann es wieder welche gibt! Vielleicht erst, wenn der Krieg zu Ende ist. Also allenfalls zu Weihnachten und zu Ostern können wir sie einweihen." Noch heute lege ich mir exquisite Toilettenseifenstücke in meinen Kleiderschrank, um mit ihrem Duft meine Wäsche zu veredeln.

Schon als Kind schlief ich gern. Wie mir meine Mutter erzählte, konnte ich mich mit den Holzklammern im Bett stundenlang beschäftigen und schlief darüber regelmäßig ein. Später, als ich aus den Klammern schon Flugzeuge zusammensteckte, überfiel mich die Müdigkeit, und ich dusselte manchmal ein. Als ich als Student regelmäßig am Wochenende mit dem frühen Zug um sechs Uhr von Dessau nach Leipzig fuhr, weckte mich meine Mutter so spät wie möglich. Sie gab mir für das eingesparte Frühstück, dick mit Butter beschmierte Brötchen mit, die ich im Zug verzehren konnte. Noch heute liebe ich das lange morgendliche Ausschlafen. Wenn mich dann aber meine liebe Partnerin zärtlich weckt und dabei leise stöhnt: „Ich habe ja so einen entsetzlichen Hunger", bequeme ich mich endlich, mit ziemlichem Schuldgefühl aufzustehen und mich im Schnellgang zu waschen und anzuziehen.

Als Junge träumte man von einer Hose mit vielen Taschen. Die Matrosenanzüge der damaligen Zeit, ob in weiß mit blauen Kragen oben oder in blau mit weißem Kragen, selbstverständlich mit Schlips, hatten überhaupt keine Taschen in der Hose. So nähte mir meine Muter aus vorhandenem grünen Stoff eine Hose, aber nur mit *einer* Tasche. Ich war tief enttäuscht. Es gab doch so viele Sammel- und Fundstücke: Bindfäden, herrlich glatte Steine mit seltsamen Färbungen, Glasmurmeln und und und … Wo sollte man damit hin? Das Argument, dass es so schwierig sei, eine Hosentasche aus festem speziellen Taschenstoff zu nähen, ihn womöglich zu kaufen, wo wir doch für alles so wenig Geld hatten, überzeugte mich nicht. Meine Mutter hatte die eine Tasche aus einer alten Hose meines Vaters mühselig zusammengenäht. So trug ich die grüne Hose nur ungern. Da der Matrosenanzug immer nur sonntags zum Ausgehen getragen wurde, war mir die taschenlose Hose des Anzugs egal. Zum Sammeln und Finden gab es bei solchen Gelegenheiten sowieso keine Möglichkeit.

Meine Mutter war eine wunderbar fröhliche Frau, trotz ihrer Gehbehinderung und ihrer vielen Operationen. Sie konnte so herzhaft und ansteckend lachen, dass man einfach mitlachen musste. Und sie konnte ergreifend schön singen. Während mein Vater nur brummte, dafür aber herrlich Mundharmonika oder Okarina spielte, zu Weihnachten sogar zur Mandoline griff, fanden zu diesem Fest und zu meinem Geburtstag unvergessliche Konzerte statt. Durch meinen Vater inspiriert, hielt ich bald mit der Mundharmonika mit, sogar mit eingelegtem Zungenschlag. Später kam bei mir noch die Ziehharmonika dazu, die ich aber nur ohne Noten handhabe. Dafür konnte ich dabei unbeschwert singen. Am liebsten hörte sie, wenn mein Vater nicht in der Nähe war, von mir das Lied: „Alle, die Weiber und Branntwein lieben, müssen Männer mit Bärten sein. Jan und Hein und Klaas und Pit, die haben Bärte, die haben Bärte, die fahren mit." Natürlich mit Ziehharmonikabegleitung. Weder mein Vater noch ich trugen jemals einen Bart.

Mein Vater war ein Universalgenie, aber auch ein Patriarch. Nur meiner Mutter gelang es von Zeit zu Zeit, ihn zu überlisten.

Die Zeiten vor dem Krieg waren hart für uns, mein Vater fuhr im Sommer mit seinem Fahrrad früh um fünf Uhr von Roßlau nach Dessau zur Arbeit. Wahrscheinlich half uns nur, dass wir preiswert bei meinem Großvater wohnten, so dass er wenigstens im Winter den Zug benutzen konnte.

Alles durfte nicht viel kosten. Schon gar nicht warme Strümpfe für den Winter. An fertige, also gekaufte Wollstrümpfe war nicht zu denken. Mein Vater trug deshalb eisern gestrickte Wollstrümpfe aus Wolle der miesesten Qualität. Meiner Mutter blieb nichts anderes übrig, als aus der gleichen Wolle auch für mich solche zu stricken. Meinem Vater machte das kratzende Material nichts aus, schon gar nicht die völlig blasse Farbe, die in einem undefinierbaren Grau bestand. Bei mir zeigten sich aber an den Waden leichte Rötungen. Ich versuchte, diese Strümpfe so selten wie möglich anzuziehen. Das ging im Sommer ganz gut, ich trug einfach keine. Aber im Winter war das nicht möglich, zumal mein Vater darauf bestand. „Wollstrümpfe sind gesund. Ich ziehe sie an, und Du trägst sie gefälligst auch."

Nun gab es damals Damenstrümpfe, die aus Bembergseide bestanden. Meine Mutter, eine mitleidende Seele, die die Qual meiner kratzenden und hautjuckenden Strümpfe nachempfinden konnte, opferte einfach ihr teures und wohl einmaliges Paar und schnitt es auf meine Kniestrumpfgröße zurecht. Sie erklärte mir, dass ich zuerst diese hautfreundlichen Strümpfe anziehen und dann die Wollstrümpfe darüber ziehen müsste. Danach würden die Wollstrümpfe nicht mehr so kratzen. Von da an hatte ich keine Probleme mehr damit. Mein Vater, der mit Zufriedenheit das tapfere Tragen der Kratzstrümpfe feststellte, denn er sah nicht die Unterlage, meinte nur: „Siehst du, wenn man nur will, geht alles. Schließlich halten sie schön warm, nicht wahr?" Ich nickte nur.

3. Mein Freund Günther Bruns (1940–1946)

Mein Freund Günther (Abb. S. 79) wohnte mit mir in derselben Straße: Rodebillestraße, Dessau-Westend. Er in der Nr. 29, ich in der Nr. 21 (s. Abb. S. 72). Beide Väter arbeiteten bei den *Junkers*-Flugzeugwerken. Günthers Vater war im *Junkers*-Motorenwerk beschäftigt (*Jumo*), mein Vater im Flugzeugbau (IFA). Wir lernten uns im Fähnlein 6 des Jungvolks kennen. Günther, ein blitzgescheiter Pimpf, wurde nach einem Gespräch mit dem Bannführer sofort zum Hordenführer befördert, der ehrgeizige Hans-Jürgen bemühte sich, auch zum Hordenführer ernannt zu werden, was natürlich bei einem Brillenträger wie mir nicht erfolgte. So beschloss ich, dieses Fähnlein, das am Wasserturm seinen Standplatz hatte, zu verlassen, und meldete mich um zum Fähnlein 3 am Tivoliberg. Hier allerdings war die Aussicht auf eine Beförderung ebenfalls gleich null.

Danach verloren wir uns eine Zeitlang aus den Augen, denn für die drei Dessauer Gymnasien war für die unteren Klassen wegen der Bombengefahr die Evakuierung angesagt. Günther, der in das Friedrich-Gymnasium ging, kam nach Stendal in der Altmark, und ich fand mich als Gymnasiast der Goethe-Schule in Tangermünde wieder (s. Abb. S. 81). Von dieser tausendjährigen Kaiserstadt war ich fasziniert, und mit den ersten Pflegeeltern, einem Dachdecker-Obermeister und seiner Frau, richtig glücklich. Die Evakuierung für die drei unteren Klassen erfolgte nach dem Prinzip des offenen Lagers. Das bedeutete, dass alle Schüler dieser Jahrgänge bei einheimischen Familien einquartiert wurden, die damit auch als Pflegeeltern eingesetzt waren. Die Altsprachler des damaligen Hauptmann-Loeper-Gymnasiums (nach dem Krieg wieder *Philantropinum*) kamen nach Quedlinburg.

Erst nach der Auflösung der offenen Lager beziehungsweise der umgewandelten geschlossenen Lager fanden Günther und ich wieder zusammen. In dieser Zeit, als sich das Nazi-Reich auflöste, begann für uns die Periode der unbegrenzten Experimente. Der Hauptbereich dafür war der große Löschteich der Rodebille-Schule. Zwar empfanden wir die starken Schrägen der seitlichen Wände als besonders unangenehm beim Schwimmen, aber für die U-Boot-Experimente spielten sie keine Rolle. Als U-Boot-Modelle dienten leere Kondensmilchbüchsen, die regelmäßig zwei kleine Öffnungen hatten. Sie wurden mit zwei Holzstäben verschlossen, nachdem man sie mit etwas Wasser gefüllt hatte. Je nachdem, wie voll die Büchsen dann waren, sanken sie mehr oder weniger tief unter die Wasseroberfläche. Natürlich stellten die Verschlussstäbe die Schnorchel dar. Es störte uns nicht, dass es zwei Schnorchel waren, im Gegensatz zu den Original-U-Booten, die nur einen besaßen. Vielmehr empfanden wir den Mangel, dass wir die Modell-U-Boote mit der Hand unter Wasser vorwärts schieben mussten. Ein kräftiger Stoß half da auch nicht, denn das Boot bewegte sich nicht sonderlich weit vorwärts. Wir wendeten uns deshalb bald anderen Tauchobjekten zu, nämlich den Taucherglocken. Auch hier kamen wieder Haushaltsprodukte zum Einsatz: die blechernen Marmeladeneimer. Das Hauptproblem dieser Taucherglocke war, wenn wir sie verkehrt herum mit dem Henkel unter Wasser zogen und den Kopf hineinsteckten, dass man nichts sah – weder nach vorn noch zur Seite. Wir brauchten einfach ein Fenster. Damit überforderten wir aber unsere Möglichkeiten. Wo bekamen wir das notwendige Plexiglas her, und wie sollten wir es wasserdicht einpassen? Diese Experimente wurden deshalb bald abgebrochen.

Der Sommer ging bald zu Ende, und ein neuer Bereich kam ins Spiel: der Luftschutzkeller. Vielleicht klang in uns noch das Lied: „Also gehen wir alle, alle mtiteinander, in den Luftschutzkeller, in den Luftschutzkeller, in den Luftschutzkeller hinein." Weil dieser Luftschutzkeller des Hauses Nr. 21 noch alle Doppelstockbetten besaß und auf den Betten noch alle Strohsäcke lagen, meinte Günther: „Das ist unsere Opiumhöhle." Für diese Opiumhöhle brauchten wir natürlich eine Opiumpfeife. Sie wurde sofort aus einer Küchengardinenstange als Pfeifenrohr und aus einem abgesägten Holunderstück als Pfeifenkopf konstruiert, in zweifacher Form. Aber was diente nun als Opium? Ganz einfach: Pfefferminztee! Jedenfalls waren die Kopfschmerzen danach so, wie wir uns einen Opiumrausch vorstellten.

Ein dritter Bereich unseres Wirkens war der Dachboden von Günthers Haus. Eigentlich war er schon unser erster, wenn auch nur für einen Tag: Der Tag, an dem die Amerikaner in Dessau einmarschierten. Hier, vom Dachfenster aus, beobachteten wir, wie die Amerikaner von dem Vorort Alten aus vorrückten. Zunächst zogen farbige Soldaten vor ihren Panzern vorsichtig auf der Landstraße voran, während auf unserer Seite ein wahnsinniger deutscher Soldat (wahrscheinlich ein Volkssturmmann) mit einem Maschinengewehr auf die heranrückende Militärmacht feuerte. Die einmarschierende US-Truppe zog sich zurück. Nach kurzer Zeit rückte sie wieder an. Der deutsche Maschinengewehrschütze hatte sich verkrümelt. Wahrscheinlich war er wieder zu einem Zivilisten geworden. Die USA besetzten unser Viertel, zogen siegreich in Dessau ein. Das alles passierte an einem Tag. Es war die erste Dachboden-Nutzung.

Die eigentliche Nutzung begann mit unseren chemischen Experimenten. Ich besaß dafür ein einschlägiges Buch von Hermann Römpp: „Chemische Experimente, die gelingen". Natürlich beeindruckten uns als Kriegskinder die Experimente mit Knall und Bumm. Ob in dieser Auflage solche Experimente vorkamen, die unter anderem Explosionen behandelten, weiß ich nicht mehr, aber was wir danach praktizierten, zeigte, dass es wohl so gewesen sein muss. Zunächst hatte ich dafür den roten Phosphor zu besorgen. Dann brauchten wir den Sauerstofflieferanten, das Kaliumchlorat. Aber mit dieser Chemikalie scheiterte ich. Ein Ersatzstoff musste her: das Natriumchlorat, im Handel als *Unkraut-Ex* bekannt. Es zog allerdings stark Wasser an. Für unsere Experimente reichte es. Vorversuche damit begannen mit leeren Gewehrpatronenhülsen. Die überall herumliegenden feuergeschädigten Nägel kamen nach der roten Phosphor-Natriumchlorat-Mixtur oben als Schlagbolzen darauf. Jetzt musste man nur noch die neugefüllte Patronenhülse auf einen festen Boden werfen. Es rumste jedenfalls beachtlich.

Das eigentliche Experiment hieß: Blitze hinter Glas. Eine dafür geeignete Bierflasche war schnell gefunden. Der Schnellverschluss sicherte den luftdichten Eingang. Ob an der Stelle des des roten Phosphors eine andere brennbare Chemikalie eingefüllt wurde, weiß ich nicht mehr. Jedenfalls kam das notwendige Natriumchlorat hinein, und zum Schluss folgte eine genau abgestimmte Menge konzentrierte Schwefelsäure. Dann warteten wir auf den Blitz. Wir warteten und warteten, bis Günther die Geduld verlor und er zur Flasche ging, sie hochhob – und dann kam der Blitz! Ein Knall! Die Flasche explodierte, und ein Glassplitter schnitt sich tief in Günthers Bein. Nicht nur das Bein blutete, sondern auch das Dach bekam von der Explosion etwas ab. Einige Dachziegel flogen davon. Günther bekam von diesem Experiment eine lebenslange sichtbare Narbe am Bein. Wie wir das Bein verbunden hatten, weiß ich nicht mehr. Aber wir hatten sicher aufgeregt und intensiv daran gearbeitet.

Chemische Experimente waren danach nicht mehr aktuell. Die Kunst stand jetzt auf dem Programm. Günther besaß ein schönes Akkordeon, und er spielte hervorragend darauf. Der damals bekannte Akkordeonsolist und Komponist Will Glahé mit seinem „Im Gänsemarsch" hatte Günther inspiriert. Es dauerte nicht lange, bis er zur Feder griff und für mich bewundernswerte Kompositionen verfasste und spielte. Das Schifferklavier mit seiner eingängigen Musik faszinierte mich. In Ermangelung eines solchen Instruments griff ich zur Mundharmonika und begann, ohne Notenkenntnis darauf zu spielen. Ein Duo entstand. Sogar ein verwackeltes Foto zeugt von diesen Kunstexperimenten.

Die zweite Besatzungsmacht, die Russen, hatten nach ihrem Einmarsch das *Junkers*-Gelände mit seinen restlichen Fabrikgebäuden bald wieder reaktiviert, indem sie alle noch vorhandenen *Junkers*-Facharbeiter und -Ingenieure wieder einstellten und Flugzeuge bauen ließen. Nachdem die Produktion recht erfolgreich angelaufen war, beschloss die Regierung der Sowjetunion, diesen Industriekomplex samt Personal als Reparation nach Russland zu verlagern.

Am 23. Oktober 1946 wurden die *Junkers*-Leute, also auch Günther und seine Familie, von russischen Soldaten über Nacht abgeholt und nach Russland verfrachtet. Erst nach fast fünfzig Jahren sah ich meinen Freund wieder. Der Professor für Theoretische Physik an der Universität Gießen kam zu meiner Abschiedsvorlesung am Institut für Kunstpädagogik der Universität in Frankfurt. Es war eine sehr bewegende Begegnung. Nun haben wir eine abwechselnde telefonische Kommunikation, die unserem Alter entspricht.

4. Hommage an Jochen Stahlberg (1941–1949)

Von der Sexta an begleitete mich in der Goethe-Schule Jochen Stahlberg (Abb. S. 84) als guter Klassenkamerad. Erst in Tangermünde (Abb. S. 81), wohin uns die Nationalsozialisten zu unserem Schutz vor den alliierten Bombern geschickt hatten – sie nannten das Kinderlandverschickung, wir nannten das Kinderlandverschleppung –, wurden wir richtige Freunde. Die Freundschaft hielt bis kurz vor dem Abitur, als er aus politischen Gründen die DDR verlassen musste. Danach verloren wir uns aus den Augen. Erst 1983 sahen wir uns wieder, zuerst in der BASF, wo Jochen als Sicherheitsbeauftragter tätig war. Ich machte in seiner Firma die Recherche für meine Dissertation über den Dokumentaristen Svend Noldan, der hier als Industriefilmer in der Werbeabteilung gearbeitet hatte. Nach diesem Wiedersehen folgten weitere schöne Begegnungen privat und auf Klassentreffen. Jochen starb leider viel zu früh an einer schweren Krankheit 1993.

Wie ich Medienwissenschaftler wurde, lässt sich ganz leicht erklären. Ich war sehr früh, genau mit 12 Jahren, ein ausgezeichnetes Medium. Das kam so: Eines Tages erklärte mir Jochen bei einem Spaziergang an der Mauer unterhalb der Tangermünder Kaiserburg, dass ich nach seinem Zählen nur siebenmal tief atmen müsste, dann fiele ich ohnmächtig um. Es war klar, dass ich das nicht glaubte und auf eine Probe bestand. Jochen zählte: „Aeins, zwaei, drai, vier, fünf, sechs, sieben" – und danach wusste ich nichts mehr. Ich wachte auf und befand mich am Boden liegend, wo mir Jochen freundlich wieder auf die Beine verhalf. Es war überwältigend.

Was konnte man aus solchen Fähigkeiten alles machen? Natürlich Klassenarbeiten sprengen, z.B. in Mathematik. Gesagt, getan. Vor einer dieser unbeliebten Arbeiten trat Jochen hinter mich und zählte wieder. Ich wachte auf, fand mich auf dem Boden in der Klasse liegend und wusste von nichts. Ich brauchte auch nichts zu wissen, nicht einmal irgendeine mathematische Formel, einen Ansatz – denn die Arbeit fand bei Jonas (Studienrat Johannes) nicht mehr statt. Ich glaube, wir haben diese mediale Fähigkeit etliche Male erprobt, und Jochen, der mir beim Zählen von hinten die Arme um den Brustkorb legte und nach meinem tiefen Atmen beim siebenten Male fest zudrückte, war der ideale Helfer für meinen befreienden Abgang.

Für uns Jungen, die wir in dieser Zeit ziemlich vor uns hin pubertierten, gab es in dieser Zeit in Tangermünde einen großen BDM-Star, Herma, mit dem für uns unbeschreiblich schönen Strahlenkranz, den geflochtenen, um den Kopf nach oben herumgelegten Zöpfen, die als Tangermünder Oberschülerin für uns jenseits jeder Annäherung stand. Jochen scherte das nicht. Er beherrschte alle Strophen des Liedes: „Auf dem Dach der Welt, da steht ein Storchennest, da liegen hunderttausend kleine Babys drin. Wenn dir eins gefällt, und du mich heiratest, dann bringt der Klapperstorch dir sicherlich ein kleines Babylein. Du brauchst ja gar nicht ängstlich sein, du wirst so schnell Mama. Der Storch beißt dich ins linke Bein und schon ist das Baby da ..." Von wegen! Jochen sang auch: „Give me five cigarettes, only five cigarettes and you can sleep, you can sleep in my bed." Diese Lieder, und vor allem das von uns vorgetragene und gespielte *Hügeltratlied*, „Hau doch dem Mädel eins auf den Schädel, das dich verlassen hat. Komm mit und wandere, such dir 'ne andre, komm mit mir in die Stadt," vom Klassenkameraden Knocke auf dem Schifferklavier hervorragend begleitet, machte uns, mich, so richtig heiß. Auf wen wohl?

Die Schöne hieß Herta Gazmargan und war bestimmt drei oder vier Jahre älter als wir. Und jetzt kommt es, denn Jochen hatte leider für mich auch unangenehme, ja gefährliche Eigenschaften. Vor allem waren dies seine strahlend blauen Augen und wie Hertie sagte: „Seine langen seidigen Wimpern. Da kannst Du einfach nicht mit. Da reichst Du nicht ran." Was soll man da noch machen? Immerhin befindet sich in meinem Fotoalbum aus dieser Zeit ein Passfoto von Hertie und ein weiteres Foto, auf dem ich mit ihr Händchen haltend auf den Schienen unten am Hafen von Tangermünde entlang balanciere. Vielleicht hat Jochen es aufgenommen? (Abb. S. 83)

Dr. Siebert von der Parallelklasse in Tangermünde unterrichtete gelegentlich auch aushilfsweise bei uns. Er ließ Vorträge über selbstgewählte Themen ausarbeiten, die dann die Klassenkameraden vortrugen. Jochen sprach über die Verkehrsregeln für die Schifffahrt auf der Elbe. Dazu hatte er selbst gebastelte kleine Verkehrszeichen mitgebracht, die er auf das Pult stellte, an denen er die Bedeutung der Schifffahrtszeichen erläuterte. Für uns war so ein anschaulicher Vortrag eine Sensation. Dr. Siebert verlieh ihm für diesen Vortrag den Ehrentitel *Koryphäe*. Außer Jochen bekam nur noch Klaus Tuchelt diesen Titel.

Um dem leidigen Schulalltag zu entfliehen – bei mir galt das vor allem dem Mathematikunterricht –, meldeten sich Jochen und ich zum Holzfällen in Brunkau in der Letzinger Heide. Weiter kamen hinzu Peter Pfeifer, Knocke, Gerd Noske, Günther Becker und der lange Krüger (Horst Krüger; die beiden letzten gehörten zur Parallelklasse). Der Schlafsaal dort war wie üblich mit Doppelstockbetten und einer entsprechenden Anzahl von Spinden ausgestattet. Es war klar, dass persönliche Beziehungen für die Bettenbelegung eine Rolle spielten und sofort Staaten gegründet wurden. So entstanden die Staaten

Pfeiknonien (Pfeifer-Knocke), *Beckrünonien* (Becker-Krüger-Noske) und *Stalibranien* (Stahlberg-Brandt). Jochen, in der Klasse immer *Stalin* genannt, lieferte also für den neuen Staat den ersten Teil der Kurzformel. Für *Stalibranien* entstand sofort eine Nationalhymne, die Jochen und ich lautstark vortrugen: „Wir sind die tapfren Stalibranier, wir sind zehnmal tapferer als die Spanier. Wir sind längst noch nicht verloren, unser Staat ist neugeboren. Stalibranien lebe hoch, Stalibranien lebe hoch (nach der schönen Melodie „Duce, Duce, Makkaroni, Badoglio ist ein großer Clownie").

Natürlich stellte sich die Arbeit dort als ziemlich anstrengend heraus, und es entwickelte sich ein großes Interesse für den Stubendienst. Peter, der gerade Innendienst hatte, vielleicht weil er krank war, erhielt von mir Besuch. Ich hatte mich von der Arbeit freigestellt, hatte mich dünn gemacht. Da hörten wir, wie sich einer der Aufsichtsführenden näherte. Peter bot mir sofort großzügig einen freien Spind an, und ich passte fabelhaft hinein. Wenn, ja, wenn ich nicht einen schrecklichen Hustenanfall bekommen hätte, der mich unfreiwillig aus meinem Spinddasein erlöste und der eben entflohenen Arbeit zurückbrachte.

Gegen Ende des Krieges schickte man die oberen Klassen der nach Tangermünde evakuierten Schüler der Goethe-Schule zum Kriegseinsatz. Es war keineswegs so, dass die Vierzehnjährigen das ungern taten. Früh um sechs Uhr zur Fabrik, wo die Arbeit bis zehn Uhr dauerte, danach offiziell drei oder vier Stunden Schule. Aber meist gab es schon vor elf Uhr Alarm, und die Schule fiel aus. Dann die Arbeitsstelle: damals die größte Zuckerfabrik Europas, wo neben dem weißen Rübenzucker das *Tangermünder Naschkätzchen*, ein Kunsthonig, in alle Haushalte gelangte. Zur *Mayerschen Zuckerfabrik* gehörte auch eine Schokoladenfabrik, in der zu Friedenszeiten die feine *Feodora Falter* produziert wurde. Jetzt stellte sie vor allem Schoko-Cola für Panzer- und Flugzeugbesatzungen her, die mit Coffein zum Wachbleiben versetzt war. In dieser kriegswichtigen Produktion war kein Platz für Schüler. Immerhin bedeutete die Arbeit in einer Zuckerfabrik die Möglichkeit, an etwas Essbares, etwas Süßes, ohne Lebensmittelkarten heranzukommen.

Einer freute sich deshalb nicht. Das war ich, denn ich war als Jüngster in der Klasse erst dreizehn Jahre alt. Natürlich bin ich sofort zur damaligen Betriebsleitung der Zuckerraffinerie gewandert und habe meinen patriotischen Willen bekundet, für Führer und Vaterland zu arbeiten. Das geschah nicht nur wegen meines ewigen Hungers, sondern auch aus einem wirklichen politischen Bekenntnis heraus. Der Pimpf glaubte an seinen Führer und wollte etwas für den Sieg Deutschlands tun.

Dieses weltanschauliche Engagement verfehlte nicht seine Wirkung. Ich durfte ab sofort mitarbeiten. Zwar nicht in der Schokoladenfabrik, wie ich es mir kühn erbat, wohl aber in der Zuckerfabrik, in der Kunsthonigherstellung. Hier in der *Naschkätzchen*-Abfüllung erlebte ich zum ersten Mal in meinem

Leben, was Fließbandarbeit heißt: Eingeklemmt zwischen zwei Podesten, auf denen links die Kartons für den Kunsthonig lagen, rechts neben mir die einzusetzenden Fettpapierhüllen, lief über meinen Knien eine endlose Förderkette mit Haltegraten für die einzusetzenden Kartons. Mit einem Griff musste man die Fettpapierhüllen über die gesperrt gehaltenen Zeige- und Mittelfinger in die geöffneten Kartons einsetzen. Dann floss von oben aus den Röhren der glühend heiße Kunsthonig in das Fettpapier. Wehe, wenn man nicht rechtzeitig den Karton und das Fettpapier eingesetzt hatte. Ein abgewogenes Pfund heißen Kunsthonigs floss dann durch die Kette auf die Knie. Ich kann heute noch den Handgriff wie im Schlaf ausführen. Natürlich war man nach solchen stereotypen Bewegungen über Stunden völlig kaputt. Aber Jochen wusste Rat. „Komm doch zu mir in die Zuckerabfüllung, da ist es ganz gemütlich. Wir sammeln die vom kleinen Förderband ausgeworfenen Zuckerpackungen, die zu wenig oder zuviel Zucker enthalten, wieder ein, entleeren sie in große Kartons und bringen den Zucker zum Eingangsschacht. Hier wird er wieder für die Abfüllautomaten angesaugt und durch Luftdruck verteilt.“

Wir beide hatten großen Spaß an dieser für mich neuen Tätigkeit, zumal es gewaltige Kämpfe mit dem sich am Eingangsschacht bildenden Zuckerstaub gab. Mit Papierrollen, wahrscheinlich aus dem zerfetzten Zuckertütenpapier hergestellt, bliesen wir uns gegenseitig den Zuckerstaub ins Gesicht oder über die Kleider. Der graue Kittel von meinem Vater konnte sehr bald, ohne dass ich ihn anzog, von allein stehen. Doch noch ganz andere Abenteuer entwickelten sich aus unserer nicht gerade anstrengenden und zeitraubenden Tätigkeit. Jochen erfand das *Stuka*-Fliegen noch einmal neu. In der großen Lagerhalle, wo die Sammelkartons für vierzig Ein-Pfund-Zuckertüten lagerten, zog sich oben in circa fünf Meter Höhe ein Förderband hin, das über unterschiedlich angelegten Stufen über weitere Hallen nach unten die Zuckersäcke zum Hafen transportierte. Was für ein Gefühl, hoch oben auf einen solchen Zuckersack zu sitzen! Man spürte genau die Wellenbewegung, die durch die unter dem Gummiband gelagerten Walzen ausgelöst wurde.

Natürlich machten wir zunächst vor einem ein oder zwei Meter tiefer neu ansetzendem Förderband Halt, doch Jochen sagte nur *Stuka* und stürzte mit samt dem Sack auf das nächste Förderband. Große Aufregung! Wer wagt es als nächster? Schließlich hatten wir alle unser Sturzerlebnis. Während immer nur wenige nacheinander starteten, bereitete Jochen in der von uns in den Pappkartonbergen eingerichteten Höhle, wir nannten sie unsere Burg, den Willkommensgruß für die heimgekehrten Flieger vor. Für alle Arbeiter waren in den Ecken der Abfüllhalle Kaffeekannen aufgestellt, aus denen jeder soviel Malzkaffee entnehmen konnte, wie er wollte. Wir nahmen die Pappbecher mit dem *Muckefuck* in unsere Höhlen. Jochen hatte inzwischen den *Muckefuck* verfeinert. Wenn man nämlich das verdiente Getränk trinken wollte, musste man es sofort wieder ausspucken. Fast bis zum Rand mit Zucker gefüllt, hatte er nur soviel Kaffee in den Becher gefüllt, dass man nicht erkennen konnte, dass der hauptsächliche Inhalt aus Zucker bestand. Immer wieder wurde dieses Spiel praktiziert, mit immer demselben Ergebnis.

Jochen war unermüdlich in seinem Entdeckungsdrang. Eines Tages teilte er uns mit, dass er in einer anderen Halle Kandiszucker entdeckt habe. Durch ein Loch in der Wand einer uns zugänglichen Halle sei er geklettert und habe dort diese wertvolle Ware gefunden. Es entstand nun das Problem, wie das herrliche Produkt aus der Fabrik schaffen? Schließlich wurden wir kontrolliert. Zunächst versuchte ich den Kandiszucker unten in meiner Jungvolküberfallhose zu verstauen. (Überfallhosen konnte man unten zubinden.) Das hinderte mich aber erheblich in meinen Gehbewegungen. Fast wäre ich bei der Kontrolle erwischt worden. Jochen wusste Abhilfe. „Nimm doch dein Verbandspäckchen und schneid daraus die Länge Verband ab, die gerade um deinen Bauch reicht. Dann näh diesen Teil an den Seiten zu, so dass daraus eine Art Sack entsteht. Diesen Sack, gefüllt mit Kandiszucker, trägst du dann unter dem Koppel." Alle in der Klasse hatten Blasen an den Gaumen vom vielen Kandiszucker. Am Schluss wollte niemand mehr von diesem Süßkram etwas wissen.

Als wir in das zerbombte Dessau zurückgekehrt waren und uns mit verschiedenen neuen Schülern aus anderen Gymnasien wiederfanden, entstanden auch neue Moden, Jugendmoden, die ein wenig den Status der Persönlichkeit betonten. Als erster trug wohl Manfred Hampel diesen silbernen Siegelring, der aber mehr ein Monogrammring war. Wer hatte schon den dafür notwendigen Siegellack, geschweige denn das Papier, gar Büttenpapier. Doch das Beispiel machte Schule. Eddi Franzen, der Nachbar von Manfred, folgte. Die Schwierigkeit bestand einfach darin, den Eltern irgendeine Silbermünze abzuschwatzen. Und natürlich wollte ich auch einen haben. Nach langen Diskussionen gelang mir das auch. Aber ich fand meinen gegossenen Siegelring einfach nicht so schick wie die Siegelringe von den anderen. Sie hatten offensichtlich einen besseren Goldschmied an der Hand, der wirklich das Silber schmiedete. In diesen Trend stieg nun Jochen professionell ein. Durch irgendwelches „Organisieren" war er an Silberdraht (Silberlot) von *Junkers* gelangt und produzierte für die sich langsam entwickelnden eitlen Schüler silberne Schlipsnadeln, eigentlich mehr Schlipsklemmen. Er hämmerte den Draht einfach flach, bog ihn zur Klemme und ziselierte diese mit feinen geritzten schrägen Querstreifen. Ich darf bekennen, dass ich zwei von diesen eleganten Schlipsklemmen besaß und noch heute voller Stolz und Wehmut eine mein eigen nenne.

Vielleicht hat Jochens ästhetische Produktion so sehr zur Eleganz der Schüler unserer Klasse beigetragen, dass wir am Ende unserer Schulzeit von allen Seiten beneidet und angefeindet wurden. Wir entwickelten uns so besonders, dass man diese Besonderheit für Rabaukentum erklärte und uns gar zum *schwarzen Schaf* der Goethe-Schule apostrophierte. Dagegen musste man sich natürlich wehren. Gegen das allseitige Ungemach entwickelte Jochen logischerweise eine Waffe: das universell einsetzbare Bromazeton. Das war zwingend, da meine mediale Fähigkeit verbraucht und überholt war. Unliebsame Veranstaltungen konnte man damit im Nu beenden und aggressive andere Jugendliche im Schach halten.

Für mich stellte Jochen den Chef einer Geheim-Organisation dar, sozusagen den Boss der GST der 12 b 2. Dass diese Organisation größer war, als ich vermutete, wurde in einer Redaktionskonferenz über die Abiturzeitung deutlich. So wusste ich zwar, dass Peter Pfeifer zumindest zweiter Mitproduzent unserer Geheimwaffe war, nicht aber, dass auch Joachim Petrowitz intensiv mitwirkte. Bei der Frage, in welcher Form denn die Waffe eingesetzt wurde, erklärte Peter, dass dies in kleinen Ampullen beziehungsweise kleinen Reagenzgläsern erfolgt wäre. Der später dazu gestoßene Peter korrigierte das dahingehend, dass das Ausgangsprodukt für das Tränengas in simplen und damals überall erhältlichen Aromaflaschen abgefüllt worden wäre.

Langsam schließen sich durch Diskussionen die Erinnerungslücken: Noch einer gehörte zu dem Geheimclub: Eddi Franzen. Er war derjenige, der letztlich den wichtigsten Rohstoff, Brom, „besorgt" hatte. Nach Peter hatte er im Nebengebäude des *Bauhauses*, in dem eine Berufsschule untergebracht war, ganz „zufällig" in einem Schrank das Brom entdeckt und sichergestellt. Jetzt leuchtet auf einmal der ganze Ring dieser Geheimorganisation auf und glänzt (s. Abb. S. 84). Nach nunmehr fünfzig Jahren dürfen wir ganz offen darüber sprechen. Alles ist *verjährt*.

Als ich Jochen mit seiner Frau nach dreiunddreißig Jahren bei mir zu Hause wiedersah, zählten wir: „Aeins, zwaei, drai …", dann fielen wir uns in die Arme.

5. Trümmer – Enttrümmern. Trümmerfrauen? Trümmermänner! (1945)

Wenn ich mich recht erinnere, mussten wir, bevor die Schule wieder begann, Steine klopfen. Auch in den ersten Tagen der Schule im *Bauhaus*, unserem Schulasyl, gehörte Steineklopfen zur Pflicht (Abb. S. 85, 86). Soviel ich weiß, mussten mindestens fünfzig Ziegelsteine pro Mann deutschsauber, ordentlich aufgestapelt, abgeliefert werden. Die auf den Trümmergrundstücken gefallenen Häusermauern gaben nur wenige mörtelfreie Steine frei. Die suchten wir als erstes heraus, aber da wir in Gruppen ausschwärmten, fand man nur in den ersten Minuten einige wenige saubere Steine. Dann hieß es, mit den bereitgestellten Maurerhämmern putzen, den anhängenden Mörtel abschlagen. Stein für Stein. Was mir auffiel, trotz fehlender sauberer Steine, war, dass einige ihren Haufen viel früher fertig hatten als ich. Dann kam bei Kontrollen der Schnelltrick heraus. Ein abnehmender Prüfer trat mit einem gezielten Fußtritt gegen den Ziegelsteinturm. Einsturz. Hohlbau. Damit war fürs erste die

Schnellputzbrigade aufgeflogen. Alle verließen jetzt fast zur gleichen Zeit das Trümmerfeld, die Ziegelsteine komplett geschichtet am geräumten Straßenrand. Von da an gingen wir dazu über, ganze Mauern durch vereintes Schwingen zum Einsturz zu bringen, um wenigstens einige zusätzlich mörtelfreie Steine zu erbeuten.

Nicht lange dauerte die Mühsal für die Schüler der Noch-Goethe-Schule. Ich weiß nicht, wer die Idee hatte, sie könnte von Jochen Stahlberg oder Peter Pfeifer stammen, die Hohlbauweise fand fröhliche Urständ. Der zu errichtende Ziegelstapel wurde durch halbe Ziegel von innen ausgefüllt. Die Außenseite sicherten, wie gehabt, sauber geputzte ganze Steine ab. Fußtritte gegen den Haufen zeigten keine Wirkung. Kontrollen von oben sicherten die Enttrümmerer, die Trümmerjünglinge, durch eine zweite Sicherheitsoberschicht. Zwar lief nicht mehr alles so schnell wie zu den ursprünglichen Hohlbauzeiten, doch steigerte sich die Ziegelsteinhaufenproduktivität weit vor Adolf Hennecke enorm.

Ostzone und DDR (1945–1962)

6. Die Igelit-Story (Dessau, 1949: Café und Kunststoff)

Zu den erträumten Igelitschuhen bin ich nie gekommen, was wegen des gefährlichen Weichmachers auch gut war – aber immerhin reichte es für einen wunderbaren Igelitmantel. Vielleicht habe ich ihn auf der Textilkarte mit der entsprechenden Punktezahl erworben, jedenfalls empfand ich ihn als ein Prachtstück. Ganz modern geschnitten wie ein *Kleppermantel*, heute würde man sagen wie ein *Trenchcoat*, mit richtigen Knöpfen! Also nicht aus Holz, sondern aus glattem Kunststoff, in dezenter dunkelbrauner Farbe. Das bedeutete für mich endlich, wetterfest mit dem heimlich ausgeborgten dunkelblauen Anzug meines Vaters, der mir wunderbar passte, zum Schwoofen zu gehen.

Wo immer Musik ertönte, Tanzmusik, stürzte ich hinein. Nun gab es in dem zerbombten Dessau nur noch wenige Räume, in denen solche Vergnügungen möglich waren, so etwa *Antons Gaststätte*, den Festsaal in der *Gärungschemie* und das Café im *Neuen Theater*, später auch den Saal im *Kristallpalast* (*Krawallpalast* genannt). Der weiter vorhandene *Krötenhof* in Waldersee oder das *Kornhaus* lagen ein wenig zu sehr außerhalb, da ich diese Vergnügungsstätten alle zu Fuß aufsuchen musste. *Antons Gaststätte* war das einzige unmittelbar nach dem Krieg wieder aufgebaute Gasthaus. Als Kommunist und vielleicht auch Antifaschist hatte er von den Behörden das notwendige Baumaterial bekommen und auch Nahrungsmittel für den Restaurantbetrieb. Es gab also dort Essen ohne Marken und dufte Musik. Was meinen Drang, dort schwoofen zu gehen, enorm förderte. Leider fand ich als Sohn eines überzeugten Sozialdemokraten mit entsprechender eigener Einstellung dort nur begrenzten Zugang.

Anders verhielt es sich mit dem *NT-Café* (*Neues Theater-Café*). Hier konnte jeder rein. Das Problem bestand nur im notwendigen Eintrittsgeld. Aber dafür gab es eine einfache Lösung: Das Fenster zum WC, das herrlich einfach zur Außenseite neben dem Eingang lag. Von Freunden freundlich innen geöffnet, bot es für minderbemittelte, aber leidlich sportliche Schüler einen bequemen Eingang. Schwierig war nur, wenn man in einer Pause mal an die frische Luft wollte. Dann brauchte man dafür die notwendige Eintrittskarte, die aber wiederum durch zahlungsfähige Freunde ausgeborgt wurde. Zur warmen Jahreszeit bedeutete der Seiteneinstieg zum Schwoof im *NT-Café* kein Problem. Anders wurde es bei kühlerem oder nassem Wetter, jetzt mit dem neuen Igelit-Regenmantel. Der Weichmacher verlor nämlich bei niedrigen Temperaturen seine Wirkung. Der elegante DDR-Mantel wurde stocksteif, ja, er verwandelte sich in eine Art Tonne. Ich hätte schließlich wissen müssen oder zumindest ahnen können, dass dieser Kunststoff [PVC] ohne Weichmacher nicht kältebeständig war. Schließlich kam ich oft genug auf dem Weg zum Hauptbahnhof am stehen gebliebenen Eichamt vorbei, das man neu verputzt hatte. Natürlich brachte man neue Dachrinnen aus Igelit an. Zink als Buntmetall war Mangelware. Die Igelit-Dachrinnen hielten keinen Winter, dann waren sie durch die Kälte und wahrscheinlich auch durch die Nässe völlig zersprungen. Auch der Versuch, es mit Regenrinnen aus Glas zu probieren, scheiterte. Zwar sangen wir damals noch immer „Igelit, Igelit – ja, da kommt kein Gummi mit. Igelit, Igelit, du bist wunderbar (nach der schönen Melodie „Tampico, Tampico, schönste Stadt in Mexiko …").

All das half nun aber für einen freien Eintritt nicht weiter. Die sperrige Hülle, diese Regentonne, bremste meinen Drang zum Schwoofen. Jedenfalls konnte ich mit diesem Ding am Körper nicht einsteigen. Die steife Kunststoffhülle musste behutsam abgestreift werden. Es grenzte an einen mittleren Akrobatikakt, wenn man sich vorsichtig, um die empfindliche Regenhülle nicht zu zerbrechen, aus ihr heraus wand. Ob ich den steifen Regenmantel vorher durch das Fenster schob und danach einstieg oder umgekehrt, weiß ich nicht mehr. Vielleicht hatten auch mitleidende Seelen, die gerade draußen standen, meine Freunde alarmiert oder gar selbst das *monstrum horribele dictu* irgendwie mit hinein genommen. Jedenfalls war der elegante Schönwettermantel im Winter abgemeldet. Ich bin wohl leicht frierend, nur vom Regenschirm meines Vaters begleitet, bei Wind und Wetter ohne Hülle losgezogen.

Als meine Lebensgefährtin Marie-Len und ich uns während unseres vorletzten Klassentreffens in Dessau „Shakespeares sämtliche Werke an einem Abend" im Landestheater ansahen, sind wir natürlich auch in das alte *NT-Café* gegangen. Räumlich war noch alles wie damals. Ich zeigte ihr mein altes Einstiegfenster und erklärte ihr, wie leicht man damals von draußen durch das Herrentoilettenfenster ins Cafe hineinkam. Woran damals nicht zu denken war: Es gibt hier heute eine große Auswahl an Speisen und Getränken. Allerdings Speisen und Getränke sind scharf von einander getrennt, jeweils auch mit einer eigenen Kasse. Das bedeutet, in der Pause zweimal anstehen. Warum soll man alte Traditionen brechen. Eins aber fehlt heute: die Tanzmusik. Und nun muss ein bei Hertha Wiegleb im Gesellschaftstanz ausgebildeter ehemaliger Oberschüler wieder die Gaststätte (*Diskothek* wäre wohl unpassend) in Dessau suchen und finden, wo er richtig „schwoofen" kann. Das Restaurant *Tirana*, wo das Festmahl zum fünfzigjährigen Abiturjubiläum stattfand und in dem danach auch getanzt werden durfte, war dafür nur ein schwacher Ersatz, allenfalls eine Auftaktstätte, eben die Ouvertüre.

7. Topinambur und Dreipfünder (1949: Hungern für den Lehrer)

Mäxchen Miller war ein Genie. Der Klassen- und Mathematiklehrer in der zehnten und elften Klasse besaß unseren ganzen Respekt (Abb. S. 86 und 87). Vielleicht bewunderten die schon damals auffällig werdenden Rabauken das stupende Wissen dieses Nichtlehrers und seine große Menschlichkeit. Der

23

Bayer war die verkörperte Gutmütigkeit. Ich weiß heute noch nicht, wieso ich bei ihm in Mathematik in der Zehnten eine Drei und in der Elften im zweiten Halbjahr gar eine Zwei erhielt. Vor einer Vier oder einer Fünf scheute er einfach zurück. Vielleicht hatte das aber die Hilfe von Dieter Stolzenhain und Jochen Stahlberg mitbewirkt. (Immer diese Aufregung bei den Klassenarbeiten, bei denen man so lange auf das richtige Ergebnis warten musste, und dann sollte auch noch der Rechenvorgang stimmig eingebracht werden.)

Sein Wissen zeigte sich besonders bei den Gesprächen im Schullandheim in der *Pfeffermühle*, wo wir ihm menschlich sehr nahe kamen. Ich erinnere mich noch genau, wie wir uns bei einem Spaziergang entlang einem Feld über eine seltsame Pflanze wunderten, die wir nicht kannten. Dr. Miller sagte nur, das sei *Topinambur*. – „Topinambur?" Er erklärte uns die amerikanische Herkunft dieser Rosskartoffel oder Erdbirne sehr genau und wie man sie verwende. Die hell- oder rotschaligen Knollen könne man als Gemüse essen, das Kraut aber sei ein gutes Viehfutter. Als wir ihn fragten, woher er das so präzise wüsste, meinte er nur, dass er in der Agrarwissenschaft auch wissenschaftlich gearbeitet habe. Mein Gott, noch ein Doktortitel mehr. Es war nicht zu fassen.

Alles, was mit Essen zusammenhing, war uns damals wichtig. Kein Wunder, denn in dieser Zeit gab es sehr wenig und wenn, dann auf Marken. Aber ich glaube, wir haben keine Topinambur von den Feldern probiert, obwohl wir in diesen Tagen vor nichts zurückgeschreckt sind. Schließlich hatten wir ja noch unsere aufgesparten Dreipfünderbrote mit.

Und da beginnt die eigentliche Geschichte:

Auf Befehl der sowjetischen Militäradministration erhielten alle Schüler in der damaligen Ostzone pro Tag ein Roggenbrötchen. Der Befehl Nr. 205 der SMA bedeutete eine kleine markenfreie Zusatzkost für alle schulpflichtigen Kinder. Man kann sich kaum noch vorstellen, was es bedeutete, diese Brötchen in Wäschekörben vom Zuckerbäcker abholen zu dürfen, denn da bekam man sogar für das Tragen zwei. Nun hungerte die Klasse ohne wenn und aber, eisern diszipliniert im Kollektiv. Und sie hungerte über die vierzehn Tage hinaus, ein Dreipfünder mehr musste es sein, ein Dreipfünder für den so geschätzten, ja, verehrten Max Miller. Denn mit ihm wollten wir ins Schullandheim fahren, dort wollten wir richtig mampfen, zumindest mehr als damals zu Hause, und Mäxchen sollte nicht zuschauen müssen, wie wir spachteln.

Es gab für diese Idee keinen Inspirator. Wir alle hatten den gleichen Gedanken. Vierzehn Tage hungern nur für uns? Ein paar Tage mehr, dann reicht es auch für Mäxchen. Wie dieser bescheidene Mann sich genierte, als wir ihm in der *Pfeffermühle* unser Präsent überreichten. Er nahm das Geschenk, zögerlich, und wir fühlten uns gut, waren glücklich. Eine Rabaukentruppe ohne gleichen zeigte sich solidarisch, menschlich, anständig.

8. Weihnachtsmann in Nöten
(um 1952: Eine Reise von Leipzig nach Dessau)

Während meines Studiums in Leipzig (1949–1954) fuhren meine Kommilitonen und ich meistens zum Wochenende nach Dessau. Es war einfach schön, einmal die Beine unter „Mutterns Tisch" auszustrecken und ein gepflegtes Mahl einzunehmen. Das wenig abwechslungsreiche Mensa-Essen veranlasste uns dazu. Montags gab es regelmäßig Nudeleintopf oder Graupen in Schüsseln serviert, wobei man sein Besteck mitbringen musste. An anderen Tagen fehlte nie der sogenannte *Drahtverhau*. Das war scheußlich schmeckendes Dörrgemüse. Auch sonst herrschte der Eintopf vor. Das Fleisch konnten wir mit der Lupe suchen. Dafür brauchten wir keine Lebensmittelkarten abzugeben, und das Essen kostete nur circa siebzig Pfennig. Weil es so selten Fleisch gab – die begehrte gebratene Leber bildete die Ausnahme –, benutzten wir meist den scharfen Löffel, was den Platz für das Messer in dem Essbesteccketui einsparte.

Andererseits hatte die Stadt Leipzig in der Versorgung erhebliche Vorzüge. So gab es zur Messe seltene Fleischwaren, wie etwa Prager Schinken. Auch nach den Messen konnte man an vielen Kiosken herrliche Thüringer Bratwürste mampfen, falls man noch Fleischmarken besaß. Selbstverständlich erhielt die Stadt weit mehr und seltenere Industriewaren (Bückwaren), als so ein unwichtiges Provinznest wie Dessau. Das verlangte einfach häufige Transportreisen in die Heimatstadt, wie sich an dem folgenden Beispiel zeigt:

Mit einem Weihnachtsbaum aus Leipzig ausgerüstet, unrasiert für kommende Pflichten, startete ich. Nur eine Bahnsteigkarte lieh mir ihre Hilfe. Zunächst suchte ich mir ein Abteil mit wenig Reisenden. Dort nahm ich mein Quartier sofort auf dem Ort, wo die Menschen nur hin und wieder einkehren. Hier war es soweit ganz gemütlich, nur das Fenster stand mir etwas zu weit offen. Natürlich konnte ich das Schiebefenster nicht richtig schließen. Also eine Qualitätsarbeit ist das! Aber mit meinem großen Leipziger Hausschlüssel ließ sich dem abhelfen. Der große Bart hielt den unteren Rand des Fensters, der Kopf diente als Sperrung und Halterung. Wunderbar. Jetzt zog es nicht mehr so, und auf dem herunter geklappten Deckel sitzend hatte ich ein Spezialabteil ganz für mich allein. An das spezielle Raumaroma konnte ich mich mit der Zeit auch gewöhnen, bis meine gemütliche Unruhe unterbrochen wurde. Man wollte mich besuchen. Dass man nie in Ruhe … Draußen steht doch, dass der Laden geschlossen ist.

Es wollte also jemand in mein Quartier. Aber ich konnte es ihm natürlich nicht überlassen. Nach einer Weile wurden die Klink- und Rüttelversuche energischer. Der Ort konnte nicht mehr bloß für „besetzt" gelten. Das war schon mehr. Der Stützpunkt wurde gehalten. Ich wurde belagert. Jetzt kam noch der Schaffner dazu und versuchte, den vielleicht leeren und irrtümlich verschlossenen Ort mit seinem Vierkantschlüssel zu öffnen. Mit der Aufbietung aller Kräfte verteidigte ich meinen Spezialsitzplatz. Es gelang mir, das Schlimmste zu verhüten und den Riegel niederzuhalten. Nach einer Weile vergeblicher Vorstöße der Außenseiter, gaben die Belagerer die Festung frei.

Wir waren inzwischen schon über Bitterfeld, die halbe Strecke, hinausgekommen. Mit Riesenschritten ging es über Jessnitz-Raguhn-Marke auf Dessau zu. Interessant, wenn man die Landschaft durch die Mattscheibe sieht. Man bekommt eine völlig neue Perspektive.

Endlich waren wir in Dessau angelangt. Durch entsprechend „unfreie Briefe" hatte ich meinen Freund Willi [Schrader] verständigt. Er stand mit einer zweiten Bahnsteigkarte innerlich gefasst auf dem Bahnsteig.

Hier aber erwartete mich der Schrecken. Ich zog meinen Riesenschlüssel aus dem Schlitz hinter dem Schiebefenster heraus und versuchte das Fenster ganz nach unten zu schieben. Vergeblich. Verdammt noch mal, es ging nur halb auf. Die Tür ließ sich ebenfalls nicht öffnen. In freundschaftlicher Geste blockierte sie wahrscheinlich ein schwerer Koffer. Also zunächst einmal den Weihnachtsbaum aus dem halb geöffneten Fenster schieben, dann den gottlob kleinen Koffer. Das ging gerade noch. Langsam näherte sich der Stationsvorsteher der seltsamen Schieberei. Jetzt versuchte ich, mich rauszuzwängen. Der Zug ruckte an. Angstschweiß stand mir auf der Stirn. Endlich hatte ich meine Beine heraus, die ein Stückchen mit dem Zug mitliefen, dann folgte der Kopf. Ich sauste zurück, holte meinen Koffer und den Weihnachtsbaum, die auf dem Bahnsteig standen und begrüßte meinen völlig fassungslosen Freund, der mit mir gebangt hatte.

Anfangs hatte er das Vorhaben dieses Reisenden bewundert, dann aber in rascher Erkenntnis, dass nur ich das sein könnte, mit mir kollektiv gezittert.

Wie selbstverständlich verließ ich mit der zweiten Bahnsteigkarte den Bahnhof. Eigentlich kam mich die Reise teuer zu stehen. Wie viel Angstschweiß hatte sie mich gekostet. Doch was tut man nicht alles, wenn es erst in zwei Tagen das Stipendiengeld gibt.

Warum ich den Weihnachtsbaum aus Leipzig mitbrachte? Stellen Sie sich vor, damals gab es in Leipzig fast alles, auch Weihnachtsbäume, nur in Dessau nicht. Aber das ist schon lange her. Sicherlich gilt das nicht mehr für heute.

9. Eine unerhört erfreuliche Maßnahme
(1954: Ein „systemkritischer" Aufsatz)

1954 arbeiteten mein Freund Willi [Schrader] und ich als Volkskorrespondenten bei der *Freiheit* in Dessau. Volkskorrespondenten waren nach Stalin „Kommandeure der öffentlichen Meinung", das hieß nach der damaligen Sprachregelung, sie durften im Sinne der Partei partielle Kritik üben. Willi Schrader und ich standen damals im erbitterten Wettbewerb. Deshalb bin ich auf einen Artikel besonders stolz, für den ich die „Anerkennung für die beste

Volkskorrespondenz der Woche vom 16. bis 21. August 1954" und das Buch von N.M. Prshewalski, „In das Land der wilden Kamele", erhielt:

Ein Schild an der Fahrkartenausgabe des Westausgangs, recht unauffällig grau in grau gehalten, fast versteckt angebracht, damit der Leser nicht erschrickt, enthält eine lakonische Mitteilung von oben herab:

> „Ab 1. September wird die Fahrkartenausgabe im Westausgang aufgelöst, und Bahnsteig- bzw. Durchgangskarten werden beim Lösen der Fahrkarten im Hauptgebäude in Anrechnung gebracht."

Scheinbar stützt man sich auf die „bewährte" Methode in Halle, wo im Thielebahnhof, der dem Westausgang entspricht, die Angelegenheit genauso gehandhabt wird. Natürlich ist man Kavalier und verschweigt höflich und diskret, dass die Hallenser Bevölkerung seit geraumer Zeit einen hartnäckigen Kampf um die Eröffnung eines Schalters in der Presse, besonders in der *Freiheit*, führt, also um eine Sache, die wir bei uns schon verwirklicht hatten. Offensichtlich will man nicht die Gelegenheit versäumen, den Kampfgeist der Benutzer des Westausgangs, überhaupt der Dessauer Bevölkerung, anzuspornen und der Presse die Möglichkeit zu geben, Artikel zu bekommen, also den für uns so beliebten Papierkrieg in Gang zu setzen. Aber es gibt noch andere überzeugendere Gründe für die Beseitigung der Fahrkartenausgabe:

> 1. Man kann den Benutzer zwingen, dass er ständig passendes Kleingeld für den Automaten bei sich führt.
>
> 2. Braucht er eine Wochenkarte oder einen weiteren Antrag, muss er lernen, zeitiger aufzustehen, denn man muss erst auf die andere Seite. Außerdem hat man dann das Vergnügen, sich in eine Schlange einzureihen. Hier, wo die Gelegenheit gegeben ist, alte Bekannte zu treffen, die auch gerade eine Wochenkarte oder einen Antrag holen müssen. So kann man sich über den wahrscheinlich prämierten Verbesserungsvorschlag, der nach dem Motto: „Im Mittelpunkt steht der Mensch", gemacht wurde, gemeinsam freuen.

Halt! Nein. Der Verbesserungsvorschlag wurde im Sinne der Erfüllung des Planes (Einsparung usw.) genehmigt, da der Plan um des Planes willen und nicht für die Verbesserung des Lebens des werktätigen Menschen da ist. Der neue Kurs ist Gottseidank noch nicht bis zum Reichsbahnamt Wittenberg vorgedrungen, sonst müssten die Herren ja dort oben aufwachen.

Im Übrigen sind wir schließlich schon immer für Schlangestehen. Und warum auch mehr Schalter aufmachen. Dann könnte es ja schneller gehen. Außerdem haben wir ja als Ersatz einen Imbissschalter. Wir machen dem Reichsbahnamt Wittenberg den Vorschlag, überhaupt nur noch *einen* Schalter offen zu halten. Man bedenke doch die Einsparung und die schöne lange Schlange mit ihrer Fröhlichkeit.

PS.: Das Argument für die Durchsetzung des genialen Verbesserungsvorschlags muss lauten: In Halle ist es auch so, und eine Diskussion in der Presse, die dagegen Stellung nimmt, gibt es nicht.
Weiter so, Reichsbahnamt Wittenberg.

10. Mein Freund Willi Schrader

Willi (Abb. S. 82 und 88) hatte eine begeisternd schöne und klare Schrift. Ich habe immer wieder versucht, sie nachzumachen. Es gelang mir einfach nicht. Allenfalls das kleine *f* ließ sich mit etwas Fantasie auf Willi zurückführen. Willi war und ist eben ein besonderer Mensch. Wenn er mit seiner unnachahmlichen Geste den Deckel seiner rechteckigen Armbanduhr aufklappte und die genaue Uhrzeit ansagte, staunte man immer wieder. Erstens, weil er in der damaligen ziemlich uhrlosen Zeit in Dessau (nach dem [russischen] Ruf „Uri“, "Uri“ wechselten Uhren meist sofort den Besitzer) überhaupt eine Uhr besaß, und zweitens, weil sie zum Schutz des Glases noch mit einem Klappdeckel versehen war. Niemand außer Willi besaß eine derartig besondere Armbanduhr. Wenn er dann noch von den echten Platinmanschettenknöpfen, die er von seinem Großvater geerbt hatte, erzählte, blieb man sprachlos. Ich kann mich nicht recht erinnern, sie jemals gesehen zu haben. Und damals, in den Anfängen der DDR, hatten die Hemden noch gar keine zusätzlichen Knopflöcher für derartig vornehme Schmuckstücke. Willi besaß außerdem in der Erzbergerstraße ein herrliches modernes schwarzes Klavier, auf dem er unvergleichlich den „Liebestraum“ von Liszt verjazzen konnte. Wenn er aber erst den „Schneewalzer“ von Waldteufel spielte und danach die „Peruanerin“, zu der seine Mutter, die Tante Hete, mit ihrer metallenen Stimme den Text sang, klingt es noch heute wehmütig in meinen Ohren: „Oh, Du, Peruanerin, wer wird so spröde sein wie eine Sekundanerin. Du, du bist schönste Fee am Titica…, am Titicacasee.“

Das spielte Willi alles und noch mehr, als seine Eltern – Fiete und Tante Hete – wieder einmal als Artisten auf Tournee waren. Zu Willis Musik rührten Eberhard Schmidt und ich mit dem Schneebesen genau im Takt den aus Wasser und gemahlenem Getreidekörnern hergestellten merkwürdigen Schaum, den wir Schlagsahne nannten und der uns auch genauso schmeckte. Erschöpft und überwältigt von dem Konzert schliefen Willi, Eberhard und ich in den Ehebetten von Willis Eltern paradiesisch glücklich ein. Willi griff nach diesem überwältigendem Mahl und der einmaligen paradiesischen Übernachtung am folgenden Tag zum Pinsel und arbeitete ohne uns am Paradies weiter. Er malte auf die Wand des elterlichen Schlafzimmers eine gewaltige Palme, die sich wirklich sehen lassen konnte. Jedenfalls prangte sie einige Zeit ohne Beanstandung dort. Und es war selbstverständlich, dass Willi nie verhauen wurde.

Für mich, den FDJ-Stadtteilleiter, schrieb er die begeisternden politischen Reden, und als mein Stellvertreter organisierte er das Kostümfest, das als Karnevalsersatz in dieser Gegend für die entsprechende Fröhlichkeit anzusetzen war. Mein Vater schminkte mich ganz unproletarisch als indischen Nabob, Willi sorgte für die Kostüme. Für mich beschaffte er einen schwarzer Paletot (den weißen Seidenschal als Turban lieferte meine Mutter), die Uniform für seinen historischen Offizier entnahm er dem Fundus seiner Eltern. Das Fest wurde eine ungeheure Pleite. Außer den Freundinnen von Willi und mir erschien niemand weiter im *Waldkaterheim*. Wir haben solch ein Fest nie wieder veranstaltet.

Bei allem Engagement von Willi für die *Freie Deutsche Jugend* zeigte er sich recht kritisch gegenüber der Jugendorganisation. Nach der Einführung von Blauhemden mit Schulterklappen gestaltete er in seiner Schule, dem *Philantropinum*, eine Wandzeitung, in der er mit einer Zeichnung auf die militärischen Accessoires hinwies. Meines Wissens hat er dieses Hemd auch nie angezogen, zumal der tschechoslowakische Jugendverband seine Blauhemden ohne Schulterklappen tragen ließ. Die kritische Haltung zu dem immer stärker werdenden Einfluss der sowjetischen Besatzungsmacht äußerte er natürlich auch im Bereich der Musik, wo ihn in der Tradition der Kommunisten die Schalmeien und die wieder benutzten Fanfaren der *Hitlerjugend* ärgerten. Er bezeichnete das als „Kremlsynkopeting", dirigiert von Schalmei-Fanfarowitsch Paukow. Als Schüler eines humanistischen Gymnasiums mit dem Schwerpunkt auf den alten Sprachen Griechisch und Latein wehrte er sich, philologisch gebildet, gegen Sprachverhunzungen in der Öffentlichkeit. In der aufkommenden Planwirtschaft schwoll ihm bei Worten wie „Zweijahresplan" der Kamm. Grammatikalisch genau setzte er dagegen sein „Zweijahreplan". Natürlich hatte er damit keinen Erfolg.

Nach dem Abitur 1949 studierte ich in Leipzig Germanistik. Willi folgte mir ein Jahr später und schrieb sich in das gleiche Fach ein. Natürlich hieß das damals nicht *Germanistik* – man hatte zu Recht etwas gegen die Germanen –, sondern das Studium nannte sich schlicht *Deutsch*. Unser gemeinsamer Schwerpunkt war die Literaturwissenschaft.

Ich musste noch zum Ende meines Studiums heiraten. Meine Frau Annemarie studierte [Sport] in Halle, so dass wir uns auf unser Lernziel konzentrierten. Natürlich sahen wir uns deshalb relativ selten. Ab und an mal am Wochenende in Dessau. Aber auch hier zogen wir es mehr und mehr vor, dass jeder bei seinen Eltern blieb, weil erhebliche Animositäten zwischen den Elternhäusern bestanden.

Willi hatte einen einzigen für mich unangenehmen Freund, Hubert Steidle, der ebenfalls in Halle studierte. Dieser hatte nichts Besseres zu tun, als mir von den Auftritten meiner Frau in der Burg Gibichenstein zu erzählen, wo sie nach seinen Berichten im Burgkeller nackt auf dem Tisch tanzte. Es war verständlich, dass sie die dort lehrenden muskelbepackten Meister des Sports einem wirklichen Hänfling wie mir vorzog. Zu allem Übel hatte ich, um mit ihr als Sportlerin mithalten zu können, ebenfalls in Leipzig ein Sportstudium aufgenommen, wobei allerdings auch die bessere Lebensmittelkarte bei meinem ewigen Hunger eine Rolle spielte. Was auch immer ich tat, an diese Sportler von Halle kam ich nicht heran, schon gar nicht mit meinen schwachen Muskeln, die mir vor allem im Turnen erheblich zu schaffen machten; dabei unterrichtete der Nationaltrainer der DDR-Damen bei uns in Leipzig.

Bei all diesem Kummer lud mich Willi, der in der Nähe der *Deutschen Bücherei* wohnte, zu einem Kakao-Abend ein, bei dem ich alles abladen konnte, was mich mit meiner Annemarie belastete. Willi zeigte für meine waidwunde Seele großes Verständnis, obwohl sich mit *seiner* Annemarie, die ebenfalls aus Dessau stammte und natürlich auch in seiner Schule Abitur gemacht hatte, noch nicht solche Spannungen entwickelt hatten. Es gibt von diesem psychologischen Abend auf dem Korbstuhl ein wunderschönes Dokument, ein Foto, das Willi gemacht hat: Es zeigt einen erfolgreich entspannten Studiosus Brandt, der hernach seine Durststrecke im Sport durchstand. West-Kakao half eben wunderbar. Trotz des erstmaligen Durchfallens im Turnen schaffte er [1954] im zweiten Anlauf mit Hilfe der Sportkommilitonen für das Staatsexamen sogar die notwendige Schwungstemme am Hochreck (s. Abb. S. 93).

Willi wählte nach seinem Staatsexamen von den zwei vorgegebenen Berufen (Lektor oder Dramaturg) den Beruf des Dramaturgen und startete seine Karriere am *Theater der Jugend* in Halle. Ich, als Abweichler in die Regie entkommen, besuchte das Ehepaar Willi und Annemarie, wann immer ich in Halle zu drehen hatte. Hier konnte ich durch meine Spesen mit einem Übernachtungsobulus für seine wachsende Familie manchen Kakao-Abend wieder gut machen und sein recht spärliches Salär etwas aufbessern.

Für meinen Film über die „Handelsorganisation Konsum" drehte ich im *Kristallpalast* in Dessau eine Modenschau. Über diese Dreharbeiten schrieb Willis Vater in der *Freiheit* einen Bericht. Fiete Schrader, ein Roßlauer wie mein Vater, war inzwischen Verwaltungschef des *Konsum Dessau*. (Alles ersessen, meinte er in typischer Bescheidenheit.) Als Mann vom Fach brachte er die nötige Kompetenz für diese Reportage mit. Ich kam dabei ganz gut mit weg. Leider wurde der Film nie fertiggestellt.

Nach meinem Weggang aus der DDR verloren wir uns aus den Augen. Ich las aber plötzlich im *Spiegel*, dass ein Willi Schrader aus der DDR zur Abnahme einer Oper, inszeniert von Götz Friedrich, in Bayreuth erschienen sei, und da wusste ich, dass Willi zum Theaterreferenten im Kultusministerium der DDR aufgestiegen war. Als ich nach der Entlassung aus der DDR-Staatsbürgerschaft [1972] wieder zu meinen Eltern nach Dessau reisen konnte, traf ich Tante Hete in der Stadt. Sie erzählte mir, dass Willi als Theaterreferent jetzt einen *Moskwitsch* fahre und eine *Datscha* habe. Aber er lehne es ab, Kulturminister zu werden. Leider gebe es mit ihrer Schwiegertochter Annemarie Schwierigkeiten. Sie habe einen anderen Mann, einen Professor, aber steinalt. (Diesen Mann hat sie später wirklich geheiratet.)

Eines Tages erhielt ich eine Einladung zu den „Shakespeare-Festspielen" nach Weimar. Willi hatte seine Tätigkeit im Kultusministerium aufgegeben und hatte das Amt eines Sekretärs der *Shakespeare-Gesellschaft* übernommen. Ich musste zum ersten Mal keinen Zwangsumtausch entrichten und wurde in allen Ehren und unkompliziert schnell abgefertigt. Allerdings fand dann im Hotelzimmer im *Elefanten*, wo Annemarie und Willi wohnten, der für Annemarie notwendige Umtausch 1:2 statt. Willi drehte sich dabei um.

Zu meiner Verblüffung kannte er mein in der DDR verbotenes Buch „Witz mit Gewehr", bestritt aber später, nachdem ich meine Stasi-Akten einsehen konnte, mich im Auftrage der Staatssicherheit der DDR politisch überwacht zu haben (s. Kap. 14).

Er erschien auch nach der *Wende* zu meiner Abschiedsvorlesung (s. Anhang II) mit einer dicken historischen *Brockhaus*-Ausgabe als Geschenk. Für diesen Verlag arbeitete er jetzt als Vertreter, um seine klägliche Rente aufzubessern. Willi lebt jetzt in Erfurt mit seiner jungen Frau Christine, die im Thüringischen Kulturministerium arbeitete, bis sie über Knigge promovierte und zur Uni Erfurt überwechselte. Die junge Frau Schrader mit Kind (große Tochter) macht den vierfachen Vater und einfachen Stiefvater glücklich. Wir telefonieren hin und wieder miteinander, und vielleicht wird er mich einmal besuchen.

11. Das war *Honeckwood* von gestern
(1957–1962: Filmregie in Babelsberg)

Nach meinem Studium informierte mich der Vertreter des *Staatssekretärs für das Hochschulwesen*, dass ich wegen meines „illegalen" zweiten Faches Körpererziehung nicht für den Spielfilm, sondern für den populärwissenschaftlichen Film vorgesehen sei. So begann ich meine Filmkarriere beim DEFA-*Studio für populärwissenschaftliche Filme* in Babelsberg. Da ich aber nicht, wie es eigentlich für Absolventen des Faches Deutsch vorgesehen war, als Dramaturg arbeiten wollte, sondern als Regie-Assistent, erhielt ich nicht das Einheitsabsolventensalär von sechshundert Mark, sondern nur vierhundert. Der schnelle Aufstieg zum Regie-Assistenten mit selbstständigen Aufgaben und der baldige Vertrag als Regisseur verschaffte mir aber umgehend den Ausgleich – ja, mehr Geld (Abb. S. 75).

Ein Vorfilm hieß „Tod der Metalle", der zu irgendeinem Spielfilm lief, den ich vergessen habe. Bei der Mischung stellte der einflussreiche Tonmeister des Spielfilms fest, dass der Gewinn aus der Metallveredlung, dem Korrosionsschutz, für die Volkswirtschaft der DDR nicht in Rubel, sondern in Dollar angegeben worden war. Mit diesem schweren ideologischen Fehler kam der Film zur Aufführung, denn vor der Mischung war der Film abgenommen worden.

Der Produktionschef des DEFA-*Studios für populärwissenschaftliche Filme* beauftragte mich deshalb [zur Strafe] mit der Regie für die beiden Unterrichtsfilme der *Deutschen Zentrale für Lehrmittel* mit den Titeln: „Schleppschaufelentmistung" und „Schubstangenentmistung": Zwei Filme über die neue Technik in den *Landwirtschaftlichen Produktionsgenossenschaften* im Umkreis von Bitterfeld.

Zunächst verlangte das Drehkollektiv, dass wir in Leipzig wohnen, da die beiden LPGs bei Bitterfeld und in der Nähe von Leipzig lagen. Die Gründe waren einfach. In Leipzig gab es von allen auswärtigen Drehorten die höchsten Spesen. Als dann noch der Aufnahmeleiter ein stillgelegtes Hotel fand, in dem es zwar keine Betten mit Bettbezügen, aber immerhin Betten mit Federbetten und Kissen gab und wegen des fehlenden Frühstücks die Hotelkosten weiter herabgesetzt wurden, kannte die Begeisterung bei dem Endpreis von fünf Mark keine Grenzen. Alle Mitglieder des Drehstabes rechneten sich bei zwölf Mark Tagesspesen und circa zehn Mark für die Nacht spektakuläre Feten bei den diversen DEFA-abonnierten Frauen in Leipzig aus. Vielleicht war sogar ein Besuch in der *Femina*-Tanzbar drin. Preiswert und fröhlich schliefen wir auf und unter den Inletts ein.

Leider erwiesen sich die fehlenden Duschen und das ebenfalls fehlende Frühstück als sehr nachteilig für den Verlauf der Dreharbeiten. Doch ich will nicht vorgreifen.

Was wir vorfanden, war eine Genossenschaft, die trotz der neuen Technik ihr Soll nicht erfüllte. In der LPG mit der „Schubstangenentmistungsanlage" hatte der Parteisekretär die Anlage entzwei gehen lassen, weil durch die neue Technik zu viele Arbeitseinheiten abgezogen wurden, was letztlich weniger Geld in der Tasche bedeutete. Man entmistete also wieder, wie in alten Zeiten, per Hand mit der Mistgabel.

Für unsere hochspezialisierten Beleuchter, alle gelernte Elektriker, war das kein Problem. Sie reparierten die Anlage im Nu, um den neuesten Stand der Technik auch im Film zeigen zu können.

Die Kühe standen in den von der Sowjetunion übernommenen „90er Offenställen". Allerdings verzichtete man bei den in der DDR errichteten Ställen auf die offenen Außenwände und baute sie für die LPGs mit geschlossenen Wänden und Fenstern. Trotz dieser Verbesserungen waren die Kühe bis auf drei in dieser LPG alle Tbc-krank. Vielleicht lag es am fehlenden Streu. Die LPG erfüllte ihr Ablieferungssoll nicht. Also erhielt sie für die Rinder kein Stroh. Wir brauchten aber mit Stroh verfeinerten Kuhmist, um die hervorragende Wirkung der Anlage zu zeigen. Für einen Aufnahmeleiter der DEFA, der immer im staatlichen Auftrag drehte, kein Problem. Wozu gab es staatliche Vorratsstrohsilos?

Die Schwierigkeit der Aufnahmen bestand nun darin, dass wir für die Groß-aufnahmen und den Anschnitt im Vordergrund nur drei gesunde Tiere zur Verfügung hatten. Bei circa einhundertfünfzig Einstellungen wäre das aufge-fallen. Die restlichen circa dreißig Kühe konnten wegen ihres kranken Kör-pers, der sie wie Garderobengestelle erscheinen ließ, nur unscharf im Hinter-grund gezeigt werden.

Der Kameramann war erfinderisch. Schuhcreme, schwarze, musste her. So wurden die drei Filmstars umgeschminkt, um sie in völlig neue zu verwan-deln. Wir erhielten auf diese Weise annähernd zehn bis fünfzehn fein abge-stufte unterschiedliche viehische Hauptdarsteller, die wir in Großaufnahmen zeigen konnten.

Ich weiß nicht mehr, wie lange die Kühe ihre schwarze Fleckenschminke für uns ungestört bereit hielten. Sicher ist nur, dass der Operateur sie vor dem *Abschminken* – sie leckten sich mit Wonne gegenseitig die Schuhcreme wie-der ab –, schnell genug in den Kasten bekam. Jedenfalls kannten wir unsere drei bald sehr genau, verstanden ihre Eigenheiten und liebten sie.

Was mein Kameramann jedoch weniger mochte, waren die notwendigen Schwenks vom Hinterteil mit dem fallenden Endprodukt in die auszementierte „Schleppschaufel-" bzw. „Schubstangenbahn", in der sich der sich häufende Mist langsam in Richtung Stallausgang bewegte. Der überzeugte Ästhet wurde nach dem zweiten Film über die „Schubstangenentmistung" magenkrank.

Auch diese LPG erfüllte ihr Soll nicht, und so gab es dort zu unserem Früh-stück und am Abend Margarinebrote. Überhaupt war das Essen bei den Er-zeugern, die eben zu wenig erzeugten, sehr mäßig. Wir lebten alle noch wie auf Lebensmittelkarten. Diese Art von karger Speise, verbunden mit den Duft- und Endproduktvorstellungen, hat sicher zur Magenbelastung meines Kame-ramannes beigetragen.

Bei fast vier Wochen dauernden Dreharbeiten im Mist stanken wir am Abend trotz der Gummistiefel, die wir alle trugen, wie die Pest. Die Kuhfladen der kranken Tiere waren vielleicht auch verseucht. Da halfen auch das plötz-lich vorhandene beste Futter und das zusätzliche Streu nicht, das wir besorgt hatten, das die Kühe anfangs gleich wieder auffraßen. Im Hotel gab es keine Dusche, die uns von dem üblen Geruch hätte befreien können. Vielleicht durf-ten die Mitglieder des Drehstabes am Abend bei ihren Damen baden. Ich bin vorsichtshalber nicht in die *Femina*-Tanzbar gegangen.

Unser Kameramann aber fuhr trotz allen Ungemachs mit der Kamera auf der Schleppschaufel, den durch Streu verfeinerten Mist vor sich her schiebend, in einer meisterlichen Fahrt aus dem „90er Offenstall". Diese Fahrt wurde be-sonders gelobt. Beide Filme passierten ohne Beanstandungen die Abnahme durch die *Deutsche Zentrale für Lehrmittel* (DZL). Dabei hatten wir nicht einmal einen pädagogischen Berater in Anspruch genommen.

Nach diesen Filmen wechselte ich zum Spielfilm über.

12. Hören, Sehen, Wiedersehen (1957: Berlin, Tag des Rundfunks)

Ein Ausflug von Potsdam nach Berlin mit Annemarie. (Annemarie Brandt, geb. Ziehe; Ehe von 1952–1962). Der Text stammt vom 23.6.1957.

Eigentlich wollten wir gar nicht zum „Tag des Rundfunks" nach Berlin fahren. Baden gehen, lautete vielmehr die Parole. Denn bei der angekündigten Hitze dachten wir gleich an glühendes Asphaltpflaster, unheimlich viele Menschen und spärlichen Schatten. Aber dann hatte meine Frau eine Plakette gekauft, und da sie die eine Mark nicht verfallen lassen wollte (Frauen sind da immer so eigen) und schließlich beabsichtigte, mit dem gewonnenen *Wartburg* nach Hause zu fahren, sind wir doch losgezogen.

Durch die Taktik meiner Frau blieben wir immer auf der Schattenseite der Allee, was den Sonnenstich verhinderte und vorher einstimmig angenommen worden war. Auf dieser Seite kamen wir in dem Menschengewühl nicht weit. Sie, die Gnädige, hatte das Bedürfnis in die Milchbar zu gehen. Unter uns gesagt, kam das auch meinen Wünschen entgegen.

Ein Flugzeug der GST [*Gesellschaft für Sport und Technik*] flog parallel die Stalinallee an. Tausende von Flugblättern flatterten in der Luft. Für die richtige Wahl sprachen nicht nur sie. Erstaunlich blieb, wie viele Läden geöffnet hatten. Am Stehenbleiben und an: „Hast du mal etwas Geld?" merkte ich das sehr gut. An Abwechslung fehlte es also keinesfalls. Und wie sich die anderen Bummelnden herausgeputzt hatten.

An der Tilsiterstraße hatte man eine große Bühne aufgebaut. Herbert Ernst Groh sang. Meine Frau war etwas enttäuscht von der äußeren Gestalt der schönen Stimme, aber für mich bedeutete das einen Konkurrenten weniger.

Nachdem die Beine langsam in den Magen vordrangen, lockerte Vanilleeis etwas auf, auch wenn Fruchteis eingeplant war. Das war eben vor uns ausgegangen und nicht wiedergekommen. Leberbrötchen und Schaschlik trösteten. Leider wurde, als wir vorbeikamen, „Fräulein Titelbild" gerade nicht fotografiert. Dadurch entging meiner Frau der erste Preis, und ich kam um das so sehnlichst gewünschte Klubhemd. Angeblich müssten wir ab sofort sparen.

Was uns immer wieder verblüffte, war die Vielzahl der Übertragungswagen. Es wimmelte geradezu davon. So bekam man einen Eindruck, was alles zu der größten Kulturinstitution unserer Republik gehört.

Unter den gut angezogenen Passanten tauchten hin und wieder eigenartige Gestalten auf. Das roch mit *Mecki-Schnitt*, knallroten langen Hosen, Westkofferradio nach Halbstarken. Im ganzen gesehen blieb die Zahl solcher Gestalten aber verschwindend gering. Die Menschen reagierten auf sie mit Heiterkeit.

„Berliner Jungen" sind erfinderisch. Da es kein Feuerwerk mit Krach und Knall gab, machten wir selbst eines. Die umgestülpten Pappbecher platzten mit einem herrlichen Knall, wenn man sie richtig mit dem Fuß trat. Unsere Volkspolizei hat das aber gleich verboten, denn sie wollte kein Feuerwerk.

Im Strom der treuen Rundfunkhörer und solcher, die es vielleicht durch den „Tag des Rundfunks" geworden sind, trieben wir friedlich dahin, bis wir plötzlich schneller schwimmen mussten. Vor der Sporthalle packte uns ein Strudel. Da wir mit der Plakette angeblich überall hinein konnten, ließen wir uns arglos wirbeln. Nachdem wir uns krampfhaft gegenseitig mit den Händen festhielten, schossen wir hinein. Plötzlich stellten wir fest, dass doch Eintrittskarten nötig waren. Uns packte das Gewissen. Wir versuchten, uns vorsichtig wieder hinauszuschlängeln. Die Kontrolleure zeigten dafür aber volles Verständnis, denn die Flutwelle hatte ein normales Kartenabreißen unmöglich gemacht. Am Strausberger Platz wurde alles für die Sendung „Per Draht gefragt" vorbereitet.

Bei unserer Heimfahrt verzichteten wir auf den *Wartburg*, weil man die Gewinne auch später abholen konnte.

13. Der unendliche Traum (1962: Flucht)

Bei Gesprächen mit anderen ehemaligen DDR-Bewohnern fiel mir eine merkwürdige Gemeinsamkeit auf: Wir alle hatten regelmäßig ähnliche Träume: Fast immer handelte es sich um die unvermittelte Anwesenheit „drüben", den illegalen plötzlichen Besuch der DDR. Es war die alte vertraute Umgebung, die auftauchte. Die Eltern erschienen, die Verwandten, die Freunde. Erschreckend wurde einem bewusst, du kannst nicht wieder zurück. Unüberwindliche Barrieren tun sich auf. Die hochgetürmte Mauer lässt sich nicht mehr überwinden. Schweißgebadet wachte man auf, und war froh, im Westen zu sein. Fast konnte man es nicht glauben. Am 23. Dezember 1971 schrieb ich den Traum auf, der mich bis dahin jede Nacht gequält hatte. Danach verschwand er:

Jede Nacht reise ich. Ich weiß nicht, wann die Reisen enden. Es sind Rückreisen, die Hinfahrt ist im Gedankenflug verbucht. Es sind Reisen der Angst, Reisen nach drüben. Die Vergangenheit, mein Vater, meine Mutter, rufen mich. Jede Nacht. Es sind die ungeschriebenen Briefe, die Zwischenzeilen, die gesprochen werden müssen. Und ich komme, folge ihnen. Die Angst begleitet mich. Das Hinkommen ist einfach wie ein Filmschnitt. Ich bin da. Plötzlich steigt in mir das Bewusstsein: Alle wissen es, ich bin von drüben. Ich taste nach meinem Ausweis. Er hat genau die Größe des alten. Ich fühle die Hülle, das weiche Leder, den Adler. Es ist der falsche hier. Ich habe ihn umgetauscht. Widerrechtlich. „Warum haben Sie Ihr Dokument abgegeben? Sie wussten doch ..." Niemand zu Hause. Mutter nicht, Vater nicht. Ich bin allein im Kinderzimmer. Nicht lange kann ich unbemerkt in der Wohnung bleiben. Bei jedem Klingeln schrecke ich zusammen. Durch den Briefschlitz: kein Gesicht. Nur grünes Leder. Zweifach. Kalt und gefährlich vor mir. Verstohlen, ängstlich grüßen die Bekannten. Besuch von drüben. Darf er denn? Die Frage steht in ihrem Gesicht. Es ist Zeit. Ich muss zurück. Tief in die Furche gepresst, krieche ich vorwärts. Weit vorn der Graben, den ich mit einem Satz überspringen muss. Dann steigt der Wald auf. Und wie ein Messer im Sägeschliff ragt dahinter die Mauer. Den Graben überfliege ich. Ich bin im Wald. Dunkles Nadelgehölz. Weit vorn, im Tarnanzug: die Streife. Ich sehe durch die Dunkelheit wie mit dem Nachtglas.

Auf und ab, unbeweglich ihr Gesicht. Bleibt die Nacht ruhig? Jagt die erste Garbe aus der MP, ist das Schlimmste vorbei. Dann feuert der Postenführer treffsicher mit dem weitreichenden tschechischen Karabiner.

Die Sperre wächst, die Betonwand lauert. Jetzt wird sie taghell angestrahlt. Ich liege im Minenfeld. Liege, liege. Ich klebe am Boden. Ich kann mich nicht erheben. Ich weiß, ich werde sie wie eine Eskaladierwand angehen, wie ein Stabhochspringer überfliegen. Aber ich liege. Gelähmt? Kein Laut, kein Schuss ist zu hören. Langsam steigt eine Leuchtkugel auf. Sie blendet mich, und ich liege, liege. Mein Atem setzt aus.

Vor dem Ersticken wache ich auf, liegend, im Bett. Drüben, hier.

Im Westen (1962–2006)

14. Witz mit Gewehr (1962–1964)

Meine erste Station nach meiner Flucht [s. Rückblicke] war Stuttgart, wo ich von 1962 bis 1963 beim *Süddeutschen Rundfunk* in der Unterhaltungsabteilung und im Nachmittagsprogramm des Fernsehens als Regisseur arbeitete.

1965 erschien beim *Henry Goverts Verlag* mein Buch „Witz mit Gewehr", das einiges für mich und die Stasi auslöste.

MINISTERRAT
DER DEUTSCHEN DEMOKRATISCHEN REPUBLIK
Ministerium für Staatssicherheit
Hauptabteilung XX

Berlin, den 3.11.1967
Tgb.-Nr. XX/2/A/ _14247_ /67

MfS/Po 23
13.12.67
Nr. 2555

Bezirksverw. für Staatssicherheit
Potsdam
Abteilung XX - L e i t e r -

Potsdam

B r a n d t , Hans-Jürgen, geb. am 18.1.1931

In der Anlage übersenden wir Ihnen einen Auskunftsbericht über
den B., ein Exemplar des von ihm verfaßten Buches „Witz mit Gewehr"
und eine offizielle Einschätzung zu diesem Buch.

Wir empfehlen Ihnen durch die weitere Bearbeitung des B. in einem
Vorgang (Durchführung von Ermittlungen im WD und Aufklärung von
Verbindungen in die DDR) die Voraussetzungen zu schaffen, um B.
in Abstimmung mit der Abteilung II in Festnahmefahndung stellen
zu können, da die Möglichkeit besteht, daß B. im West-West-Verkehr
oder zu gesellschaftlichen Großveranstaltungen in die DDR einreist.

Anlage

7 Blatt
1 Buch

Leiter der Hauptabteilung XX

Kienberg
Oberst

Fo/Ja

Katalog DIZ – Dezimal-Nummer

<u>Betr.:</u> Buch: "Witze mit Gewehr"

Verfasser: Hans-Jürgen Brandt, Henry Govertz-Verlag Stuttgart,
1965, 256 S.

Bei dem vorliegenden Druckerzeugnis handelt es sich um ein Buch,
dessen Autor Hans-Jürgen Brandt, Jahrgang 1931, in Leipzig Lite-
ratur bei Professor Mayer studiert hatte. Später arbeitete Brandt
bei der DEFA in Babelsberg als Regisseur. Im Jahre 1962 wurde er
republikflüchtig und veröffentlicht seitdem Serien und sonstige
Publikationen mit dem Ziel einer angeblichen "Zeitkritik". Brandt
soll jetzt Redakteur beim Schulfernsehen des Bayerischen Rundfunks
sein.

Das vorliegende Buch trägt den Untertitel: "Ge...es Lachen hinter
Mauer und Stacheldraht".

Schon diese Wahl des Untertitels zeigt, daß es dem Autor mit "ge-
zielter" Absicht darauf ankommt, alle Einrichtungen der DDR ("Hinter Mauer und Stacheld...) lächerlich zu machen. Im Vorwort
(S. 7) heißt es ausdrücklich, daß die Aufgabe der inhaltlichen Ge-
staltung dieses Buches eine "Dokumentation" ist.

Ein Überblick über den Inhalt (S. 5) zeigt, daß diese Sammlung von
diffamierenden Witzen über die DDR und ihre Persönlichkeiten den Bo-
gen spannt vom Tag der Befreiung, dem 8. Mai 1945, über den Gründungs-
tag der DDR und über die Beschlüsse des VI. Parteitages. Der Autor
macht mit seinen Diffamierungen aber auch nicht halt vor der befreun-
deten Sowjetunion und deren Partei, der KPdSU.

Eine besondere Diffamierungsspitze richtet sich gegen führende Persönlichkeiten der SED, insbesondere dem 1. Sekretär und Vorsitzenden
des Staatsrates, Walter Ulbricht, für den ein besondere Kapitel (S. 216)

-2-

Katolog DIZ – Dezimal-Nummer

vorgesehen ist. Die Diffamierungen sind nicht nur in Worten ausge-
drückt, sondern teilweise auch in Zeichnungen (S. 1o4), wobei der
Verfasser nicht davor zurückschreckt, die Zeit des Faschismus mit
dem Aufbau des Sozialismus in der DDR gleichzusetzen. Durch einige
Fußnoten bzw. durch Voransetzen von Zitaten aus Dokumenten soll der
Eindruck erweckt werden, daß dieses diffamierende "Werk" einen wis-
senschaftlichen Charakter trägt. Die Einstellung des Autors zum politischen Geschehen der Gegenwart geht schon daraus hervor, daß im
Vorwort angedeutet wird, das Thema könne wissenschaftlich nicht erschöpft werden, weil man das Buch erst nach der "Wiedervereinigung"
abschließen könne. Unter Wiedervereinigung versteht der Verfasser
die Liquidierung der DDR durch die Bundesrepublik.

Neben einer Fülle von Diffamierungen von Staat, Partei und Persönlichkeiten der DDR wird auch die Nationale Volksarmee durch witzig-
seinsollende Redensarten diffamiert und das Ansehen schwer geschä-
digt.

Zusammenfassung:

Es wäre falsch, dem Kritiker zu unterstellen, daß er keinen Sinn für
Humor habe. Humor und Satire wird bei uns in der DDR in bester Weise
gezeigt, wie sich jeder in den guten Programmen unserer satirischen
Einrichtungen, wie z. B. "Distel",überzeugen kann.

Das vorliegende Buch enthält jedoch keine satirische Kritik, sondern
ausgesprochene politische hetzerische Diffamierungen gegen die
Staatsführung, Parteiführung und alle gesellschaftlichen Einrichtungen in der DDR. Es wird versucht, den Leser zu beeinflussen,
"Flüsterwitze" gegen die DDR zu verbreiten und damit seine dem
Sozialismus und dem Aufbau der DDR entgegengesetzte Auffassung in
versteckter Form Ausdruck zu geben.

-3-

04 BmG 046/2099/65 16

Katalog DIZ – Dezimal-Nummer

- 3 -

Das vorliegende Buch ist ein ausgesprochen staatsfeindliches, auf Zersetzung gerichtetes Druckerzeugnis eines Autors, der die DDR verraten hat und nun auf diese Weise versucht, den Gedanken des Verrats unter der Bevölkerung zu verbreiten.

Ausgefertigt:

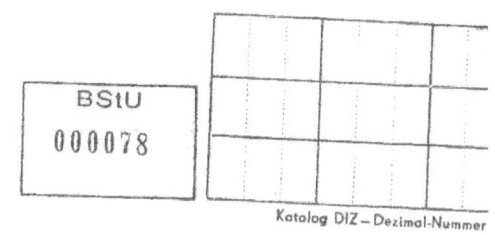

(Forchmann)
stellv. Abteilungsleiter

Berlin, den 3. 10. 1967
Deutsches Institut für Zeitgeschichte
Nebenstelle
108 Berlin, Schadowstraße 12-13

BmG 046/2099/65 16

15. Der letzte Mann
(1964–1967, Schulfernsehen in München: Bei einem Filmarchivar)

Nach meiner Tätigkeit beim *Süddeutschen Rundfunk* ging ich zum *Bayerischen Rundfunk* nach München. Als Fernseh-Redakteur und -Regisseur hatte ich oft im Filmarchiv zu tun. Dabei lernte ich den Filmarchivar Herrn Rottenwallner kennen, der mir seine Lebensgeschichte in Bruchstücken erzählte.

Der Raum lag im Keller. Es roch muffig. Das Tageslicht quälte sich herunter. Von irgendwo zog es immer. Ein paar alte Schneidetische standen herum. Man hatte sie abgestellt fürs Archiv. Ein 35-mm-Normaltisch, natürlich ohne Ton, das sogenannte *klassische Format* wurde im Fernsehen selten benutzt, es kam zu teuer. Nur, wenn einmal Spiel- oder Fremdfilme zum Doupen (kopieren) eintrafen, begann er zu rattern. Die strahlende Brillanz des Materials wurde immer wieder bewundert. Man zuckte die Achseln, was soll's. Doch heimlich richtete sich die Aufmerksamkeit auf den Tisch.

Das Symbol des Reichsadlers erschien. Roland Freisler begeiferte die Angeklagten des 20. Juli. Die Kollegen, die an den 16-mm-Tischen saßen, arbeiteten unaufmerksam. Auf dem einen lief „Die Römerstraße", der Bildschirm des anderen zeigte „Die Kunst des Expressionismus". Der Lärm der Schmalspurtische durch Eigengeräusch und Tonkombination verursacht, wurde unerträglich. Ein Betrachtungsgerät nach dem anderen wurde abgeschaltet.

Rottenwallner schraubte intensiv an einer kleinen Schmalfilmkamera, mit dem hochempfindlichen feinmechanischen Gerät ganz eins. „Wissen Sie, ein Kollege kommt damit nicht mehr klar. Das Federwerk ist kaputt. Es wäre schade um die schöne Mühle."

Er sagte *Mühle*, nicht Kamera. Hier saß ein Eingeweihter, einer von der alten Garde, ein Filmhase, einer, der etwas von der Sache verstand.

Mühle, das stammte doch aus der Zeit des Stummfilms, da kurbelte der Operateur noch mit der Hand den Film durch die Kamera herunter. Er musste dabei genau den Rhythmus von sechzehn Bildern in der Sekunde einhalten.

Rottenwallner verkürzte die Feder, die am Ende gebrochen war. Er löste den abgebrochenen Federteil von der Verschraubung und begann am Ende ein neues Loch für die Feder zu bohren.

Ich fragte ihn: „Könnten Sie mir bitte einmal den Film einlegen?" Ruhig unterbrach er seine Arbeit und spannte den schmalen Streifen des Films in das Räderwerk des Tisches, setzte den Ton ein und drehte vorsichtig den Film mit einem Handrad vorwärts, bis der markierte Synchronpunkt von beiden Bändern übereinstimmte, dann stand er auf.

Niemand hatte ihm, als er hier seine Tätigkeit begann, gezeigt, wie ein Schneidetisch zu bedienen war. Jetzt beherrschte er die drei bis ins Detail. Das Einlegen, eine Kunst der Cutter und ihrer Assistenten, ging ihm von der Hand, als ob er nie etwas anderes gemacht hätte.

Der Film war gerissen. Rottenwallner nahm die Klebelade, den Hobel und den Filmkitt und setzte sich wieder. „Wir dürfen sicher kein Bild verlieren? Ich weiß schon. Ich werde Tesafilm nehmen. Einen Augenblick." Er holte eine andere Klebelade und setzte bedächtig den Film wieder zusammen. Gewissenhaft, nicht so ruck-zuck wie vielleicht die Cutterinnen, bei denen dann aber hin und wieder die Klebestellen aufgingen. Der Film lief weiter. Er schaute nicht darauf.

Rottenwallner nahm seinen wieder Platz ein und bohrte weiter. Jetzt stieß er durch. Mit einer kleinen Rundfeile erweiterte er vorsichtig das Bohrloch. Er blies den Stahlstaub ab und setzte behutsam die verkürzte Feder in die Halterung. Es dauerte eine Weile, bis sie wieder fest verschraubt an ihrem vorgesehenen Platz saß. Der Archivar zog das Uhrwerk auf. Mit dem Schraubenzieher rückte er noch ein Zahnrad zurecht, drückte auf einen Knopf – und die *Mühle* lief! Andächtig horchte und sah er in sie hinein. Sein Gesicht, das immer einen zufriedenen, gutmütigen Ausdruck hatte, wurde noch freundlicher, die Falten glätteten sich, die kleine Gestalt wuchs, straffte sich – ein verjüngter Mann lächelte verklärt.

Die Tische standen still. Und alles blickte verwundert auf die menschliche Verwandlung. Aus einem vergessenen, verträumten Mann, den irgendeine merkwürdige anonyme Macht hier in den feuchten, ungesunden Keller abkommandiert hatte, war ein neuer Mensch geworden. Rottenwallner blickte versonnen in den Raum und übersah ihn. Er übersah Raum und Zeit.

Jetzt musste er oft eine Brille benutzen. Aber die Kamera hatte er ohne instand gesetzt. Verlegen griff er an die Stelle, wo sie normalerweise saß. Das Bild am Tisch flackerte milchig, ein Weißfilmstreifen erinnerte an einen einzusetzenden Trick- oder noch fehlenden Klammerteil. Rottenwallner begann zu schneiden. Er ergänzte überlegend Szene für Szene, vergaß nicht den Ton zu kontrollieren, setzte Geräusche und Sprache ein. Er rettete, half, wie damals auf Kurland, unauffällig, ohne viel Worte …

Am Ende des Krieges hatte es ihn als PK-Berichterstatter [*Propagandakompanie*] mit der „Erzählenden Kamera" durch irgendeinen Zufall nach Kurland verschlagen, nachdem er schon vom Admiralsschiff, einem großen Kreuzer, seine Berichte geliefert hatte und schließlich auf einem U-Boot seinen Dienst tat. Er überstand die Feindfahrten. Der Kreuzer wurde unmittelbar, nachdem er ihn verlassen hatte, versenkt.

Danach hatte das Schicksal den PK-Mann im Range eines Leutnants auf einen Hilfskreuzer oder sonst ein Schiff gespült. Genau wusste das Rottenwallner nicht mehr, nur dass es das letzte Schiff war, mit dem man den Russen entkommen wollte. Soldaten, Matrosen, Zivilisten, alle hockten hier zusammen. Nur weg von hier. Ein Maschinist fand sich, auch andere Matrosen. Aufgeregt kamen die Leute zu ihm. „Wo brennt's denn?" – „Sie müssen das

Kommando übernehmen, Herr Leutnant. Sie sind der einzige Offizier an Bord." – „Ja, wenn das so ist ..." Er fasste sich mit einer für ihn typischen Geste an die Nase und folgte dem Mann auf die Kommandobrücke.

Rottenwallner hatte noch nie ein Schiff navigiert, nur manchmal auf dem Kreuzer auf der Kommandobrücke den Offizieren zugeschaut. Als technisch interessierter Mensch faszinierte ihn die Arbeit des Steuermanns.

Das Vertrauen der Leute ließ ihn ruhig handeln. Sie legten ab. Die Richtung war klar: Westen. Plötzlich entstand Unruhe an Bord. Der Funker hatte einen Funkspruch russischer Schnellboote aufgefangen. „Tja, dann macht Euch man fertig zum Empfang."

Der Feuerzauber des beachtlich bestückten Schiffes ließ es den *Iwans* ratsam erscheinen abzudrehen. Die beiden gefährlichen Torpedos konnten ausmanövriert werden. Ganz wohl war es dem beinah demokratisch gewählten Kommandanten dabei nicht gewesen. Aber alle halfen ihm. Es ging um ihr Leben, und sie hatten es in seine Hände gelegt. Niemand wusste, dass er vom Navigieren nichts verstand, und er durfte es ihnen jetzt auch nicht sagen. Er musste es einfach können, er hatte es zu schaffen.

Wieder erschien der Aufgeregte auf der Brücke. „Wo brennt's denn?" – „Russen von oben!" Der Unteroffizier neben ihm meinte nur: „Ich hab da doch so etwas wie eine Flak gesehen. Davon verstehe ich etwas. Sollen wir es ihnen mal zeigen ...?"

Die letzten Fontänen sanken in fünf Kilometer Entfernung zusammen. Lächelnd brachte der Funker den aufgefangenen Funkspruch des russischen Kampfverbandes dem Kapitän: „Feindlicher Truppentransporter und Hilfskreuzer versenkt." Die Funkverbindung hatte geklappt, englische Flugzeuge und später auch Schnellboote übernahmen den Geleitschutz.

Der englische Offizier, wahrscheinlich ein Captain, es konnte aber auch ein Colonel gewesen sein, so genau kannte er sich in den Rängen der *Royal Army* nicht aus, nahm die Meldung des Leutnants mit militärischer Haltung entgegen. Das Hurra der Soldaten und Zivilisten, als er von Bord ging, konnte Rottenwallner nicht verhindern, auch nicht das Spalier der englischen Soldaten zu seinem Empfang.

Nun fasste er sich an die Nase, wo einmal die Brille sitzen sollte. Wo war sie denn jetzt schon wieder? Da soll ein Mensch die Zeitung lesen.

Alle gingen zu ihm, wenn sie keinen Ausweg mehr wussten, sogar der ewig aufgeregte Sportreporter, der immer brandeilig etwas fertigstellen musste. Man sah förmlich, wie es ihm in den Fingern kribbelte, wenn dieser wundersame Mann das Werk ruhig Stück für Stück zusammensetzte. Trotz der Bedächtigkeit oder gerade wegen dieser wurde der Film rechtzeitig fertig. „Wissen Sie, ein großartiger Mann, aber seine Ruhe macht mich wahnsinnig."

Der Raum hatte sich geleert. Die beiden politisch disparaten Zeitungen lagen auf dem Tisch. Er begann darin zu blättern, zu lesen und dusselte schließlich vor sich hin. Wieder öffnete sich die Tür. Der Mann rührte sich nicht. „Herr Rottenwallner! Ich brauche Sie ganz dringend!" Der nervöse Redakteur setzte seine Filmbüchsen auf den Tisch und fiel auf den Sessel.

„Wo brennt's denn?"

Der letzte Mann saß aufgerichtet hoch oben unten in seinem wichtigen Reich.

16. Schweden 1967 (Blitzbildung für Ost und West in zehn Tagen)

1967 reiste ich mit meiner Frau Sylvia (Ehe von 1966–1975) über das *Schwedische Institut für kulturellen Austausch mit dem Ausland* (SI) von Hamburg nach Schweden.

Auf dem Prospekt stand „Verteilung der Diplome durch Prof. Dr. Gustav Korlén". Also „Akademiker" in zehn Tagen. Ich fand das beachtlich. Schon lange hatte ich vor, meine Frau zu bilden.

Achtzehn Stunden von Hamburg bis Stockholm ist eine lange Zeit. Aber den gröbsten Teil schafften wir schlafend bis Kopenhagen. Auch störte uns nicht der zweistündige Aufenthalt in Lübeck. Wir fanden, das heißt, meine Frau entdeckte den Anschlusszug nach Stockholm. Und auch sie dirigierte mich, den Gepäckträger, sicher zum Bus nach Graninge. Die Bildungsreise zeigte schon Erfolge.

Unser Zimmer war traumhaft. Durch ein paar Bäume hindurch blickten wir hinunter auf den Mälar-See. Wie in einer romantischen Idylle lag inmitten des Sees eine bewaldete Insel. Rechts davon, in der Nähe des Ufers, wiegten sich zahlreiche Boote im Wasser. Das Appartement roch nach Farbe. Alles war neu. Gerade noch im letzten Moment konnte auf dem Bischofssitz die Renovierung abgeschlossen werden. Wir waren zufrieden. Der Rundgang um den geistlichen Herrensitz mit dem hotelähnlichen Erweiterungsbau befestigte die Meinung. Für rund fünfhundert DMark pro Nase hatten wir unsere Bildung eingekauft.

Das Geld lieferte das Thema Nummer eins für die ersten Gespräche. Nach einem metaphysischen Schlüssel hatten die Universitätsbehörden die Stipendien für die Bildungsreise verteilt und auch nicht verteilt. Einige deutsche Studenten hatten die Reisekosten auf Heller und Pfennig erstattet bekommen. Andere wiederum mussten mit einer verbilligten Studentenreise vorlieb nehmen. Weitere gingen leer aus. Doch kam es vor, dass eine einfache Angestellte der Universität in Vertretung einer Studentin ein Vollstipendium erhielt. Bei geschickter Vorarbeit mit Referenzen und rechtzeitiger Einschreibung ließ sich für ein Mitglied des *Goethe-Instituts* ebenfalls eine volle Vergütung herausholen.

Die Ostblockangehörigen reisten alle auf Kosten ihres Staates. Schließlich war es in erster Linie eine wissenschaftliche und politische Aufgabe. Wir hatten die vorsichtige „Propaganda" über Schweden im vollen Bewusstsein *gekauft*. Was teuer ist, muss auch gut sein. Kein Zweifel, der hohe Preis bürgte für hohe Qualität.

Für unser Geld sollten wir auch etwas erhalten. Vollgestopft wie nach jedem Essen waren unsere Tage. Ein Vortrag jagte den anderen. Mit schlechten Gewissen schwänzte man, um einmal am Nachmittag spazieren zu gehen oder nur auszuschlafen. Vom „Großbetrieb" bis zur „Großfamilie" reichte die Palette der Themen.

Am meisten imponierte mir in Gustavsberg – Ort und Werk sind eins – das Pressen der Badewannen und die Montage der Toiletten, genauer gesagt der Wasserspeicher. Die Produktionsgenossenschaft hatte ein Patent entwickelt. Im Bewusstsein der modernen schallfreudigen Bauweise setzten die Erfinder für das nachströmende Wasser eine geräuschdämpfende Spirale ein. Die Spirale erwies sich als ein Keramikegel, an dem das Wasser fast lautlos nachfloss. Der Messingmetallkern am Kopf des Kegels trug eine kleine unauffällige Gravur: „Sweden Patent".

Die Stockholmer Gammler stehen. Sie stehen und stehen. Im Park. Unter Bäumen. Gespräche mit den entferntesten Nachbarn werden brüllend geführt. Nur keinen Schritt zuviel. Rasende Rocker sind selten. Ich würde sagen: nicht schwedisch. Kompromisslerisch wie in der Politik haben die schwedischen Gammler jeder Bewegung abgeschworen. Sonst sehen sie aber wie richtige Schlamper aus. Die Importe bestätigen das in der City. Hier malen die Internationalen auf dem Steinparkett ihrer Welt das realistische Bild und das noch realistischere *Danke* in allen Sprachen. Bis die Polizei eintrifft und die Pflastermalerei fragmentarisch macht. Eine alte Frau spielt in dem neuen verkehrsfreien *Shopping Centre* jazzig Klarinette. Niemand vertreibt sie. Ob sie in der Tunnelbahn oder in einem Seitengang der Geschäftsstraße „Kleine Anabelle" bläst. Vor dem Palast, in dem die Nobelpreise verliehen werden, ist der Haupttreffpunkt der Gammler. Auf der Treppe an dem Brunnen mit den obligaten nackten männlichen und weiblichen Figuren sitzen sie. Anfänger und Profis sonnen sich. Die Gespräche sind international. Die Mini-Mode auch. Selten werden so kurze Röcke von so vielen weiblichen Wesen wie in Stockholm getragen. Der verlängerte Rock nach unten kommt hier oben im kalten Norden nicht an. Auch ist der Sommer zu schön.

Der Empfang in der deutschen Botschaft war ein Ereignis. Ohne Vorreden reihten sich auf dem langen Büfett die Platten mit den Appetitshäppchen. Die Sektgläser kreisten, eifrig wurden *Campari* und eisgekühlter *Juice* gereicht. Es fehlte an nichts: Von erlesenen Zigarren bis zu den feinsten Obsttörtchen war alles aufgefahren. Nur unser DDR-Bürger, der polnische Vertreter und auch der tschechische Genosse ließen sich nicht blicken. Eine Ausnahme bildete vom *Warschauer Pakt* nur Ungarn. Der ungarische Germanist langweilte sich. Zu sehr waren die Kursusteilnehmer mit sich selbst beschäftigt. Die Botschaftsangehörigen pflegten vorwiegend das Stehgespräch mit ihresgleichen. Erst gegen Ende stellten sie einem schwedischen Germanistikprofessor den Dr. phil. aus Ungarn vor. Woran sich die Kursteilnehmer hielten, war Essen und Bier. Schon nach kurzer Zeit war der erste Schweizer völlig betrunken. Ansonsten aß man. Wozu sollten schließlich die Platten halbvoll bleiben. Nachdem auch der letzte sein Raucherarsenal nachgefüllt hatte, brach man auf. Der Heuschreckenschwarm schwirrte ab. Hatten die Bürger der DDR, Polens und der CSSR wirklich viel versäumt?

Besuch in Uppsala. Der Ausflug rollte im amerikanischen Tempo ab. Zeit hatten wir lediglich nach der Besichtigung der Königshügel der Wikinger, um dem echt germanischen Met zuzusprechen. Aus zünftig mit Silber beschlagenen Rinderhörnern tranken wir den Met mit freundlichem *Skol*. In der Umgebung hehrer Gestalten leerte der Schweizer Doktor sein Horn in einem Zug. Umrahmt von ehernen Ritterrüstungen, Streitäxten und Schilden glaubte ich mich meinen stolzen Vorfahren nie so nahe wie jetzt.

Kaum war der letzte Zug getan, die klingende Münze in den Beutel der Bedienung gesprungen, starteten wir zum Dom. Vergeblich. Eine Taufe verhinderte den Einlass. Hurtig trieb unser fil.mag. Sandén seine Schäflein in die Stadt. Kaum abgefüttert, sausten wir wieder zum Dom. Diesmal war es eine Hochzeit, die uns hinderte, *Baedekers* Hinweise in uns aufzunehmen. Eine Beerdigung wollten wir nicht abwarten.

Nach dem Blitzbesuch erholten wir uns auf der Fahrt zu einem Schloss Sko-Kloster. Mein Nachbar erklärte mir, wie der Blitzkrieg der Israelis in Ungarn gesehen werde. Am Ufer des Suez errichteten die Ägypter nach den Kampfhandlungen ein Nasser-Denkmal mit der Unterschrift: Kriegsblitzer. Auf der israelischen Seite enthüllten die Sieger ein Denkmal Moshe Dayans mit der Unterschrift: Blitz-Krieger. Dieser Mann heißt jetzt übrigens Dschingis-Cohn und Sinai = Grünland. Ob ich denn wüsste, dass Hitler gar nicht tot sei? Natürlich wusste ich es nicht. – Ja, denn er ist ins Wasser gefallen und Nasser geworden.

So verging die Zeit, und das Schloss rückte näher. Ein Schloss wie viele, überladen mit Prunk. Doch mit einer ungewöhnlich reichhaltigen Waffensammlung. Das Schlosstheater Drottningholm ist unverändert erhalten. Trotzdem wirkt es heute noch technisch modern. Kulissenschieber kannte man hier schon damals nicht. Von unsichtbaren Seilzügen bewegt, rollen die Säulen und Bäume, die Prospekte auf die vorbestimmten Plätze. Selbst des Meeres Wogen winden sich täuschend echt auf großen Rollen. Nur die Stilisierung von Parks und Gemächern wirkt für uns ein wenig angestaubt. Treu der historischen Kunstrichtung hat man das Parkett ausgelegt. Auf langen, nur wenig gepolsterten Bänken schaut das Publikum gestuft auf die Bühne. Ein Knabe mit Perücke und barockem Gewand schwingt die Schelle zum Beginn. Das Orchester sitzt in alten Kostümen und passender Haartracht vor uns. Der Kapellmeister erscheint im gleichen Gewand mit weiß gepuderten Mozartzopf. Beifall. Nur einige moderne Brillen stören das Bild der historischen Gesellschaft. Mozarts „Entführung aus dem Serail" wird in Deutsch gesungen. Wir freuen uns.

Schwedenmädchen tanzen mit Jungen Wange an Wange. Sie legen eine Hand gefühlvoll um den Hals. die andere um die Hüfte. Unsere Männer schwelgen. Schon einmal genossen sie das Vergnügen beim Treffen mit den schwedischen Studentinnen in unserem Bischofssitz.

In dem größten Hochhaus von Stockholm stieg das Abschlussfest. Dreiundzwanzigster Stock. Endstation des Fahrstuhls. Die Einrichtung war geschmackvoll, die Holztäfelung, die Möbel, alles. Vorbildlicher skandinavischer Stil. Unsere mitgeführten Mädchen hatten sich flott zurechtgemacht. Sie erwarteten die Konkurrenz mit leiser Resignation. Doch jegliche Angst war diesmal umsonst. Die Damen aus dem Norden brachten bei besonderer Schönheit immer den Partner mit.

Die schwedischen Studenten sangen Studentenlieder, Volkslieder in wunderbar harmonischen Duetten und Quartetten. Danach tanzte die akademische Volkstanzgruppe. Der Watschentanz mit der typischen Melodie ließ sich für mich bisher nur als bayerischer Tanz orten. Schön waren die Trachten aus den verschiedenen Landesteilen unserer Gastgeber. Anschließend schwangen wir nach heißen Rhythmen einer Studentenkapelle das Tanzbein. Hin und wieder erlosch das Licht. Wir genossen den Ausblick auf das erleuchtete nächtliche Stockholm. Die anderen ihre neuen Bekannten.

Vorsichtshalber hatte ich mir wegen der vielen blonden schwedischen Frauen eine echt blonde mitgebracht. Auf der Rückfahrt nach Hamburg unterhielt ich mich mit einem Schweden auf Englisch. Er fuhr in den Urlaub nach Holland. Sein Hobby: Motorradfahren. Natürlich schwedisch, auf *Monarc*.

„You have a very nice wife." – Ich: stolz. – „Swedish?" – „Yes, now."

17. Lernen und Lehren in Frankfurt und Trenton (1971–1981)

Am 5. November 1973 erhielt ich meine Ernennungsurkunde als Professor der *Johann Wolfgang Goethe-Universität* in Frankfurt. Bevor ich mein Amt antreten konnte, hatte ich meine Deutschklasse am Langenhorner Gymnasium in Hamburg noch zum Abitur zu führen (Abb. S. 76 und 77).

Erst Anfang 1976 begann ich mit der Einrichtung eines Studios und mit der technischen Ausstattung in Frankfurt. Das Institut für Kunstpädagogik, in dem ich die „Neuen Medien" in Theorie und Praxis vertreten sollte, hatte bereits fest eingerichtete Klassen wie die Klasse für Malerei, für Grafik und für Plastik und Design. Für die „Neuen Medien" mussten alle Voraussetzungen erst geschaffen werden. Es war klar, dass zum Beispiel für den Film wegen der teuren Ausrüstung im Amateurbereich gearbeitet werden musste. So entschieden wir uns, im Trickfilm mit dem Super-8 Film zu operieren. Ein kleiner Raum wurde als Trickfilmstudio eingerichtet

Meine Antrittsvorlesung hielt ich am 20. Januar 1976 (s. Anhang II), sie wurde im September 1976 in Heft 9 der *Frankfurter Hefte* veröffentlicht.

Von 1978 bis 1979 ging ich im Rahmen des Austauschprogramms zwischen Frankfurt und Trenton als Gastprofessor in die USA ans *Trenton State College* von New Jersey. Im *Department of Media Communication Science* lehrte ich Theorie und Praxis der Fernsehproduktion. Auch Kurse über Filmproduktionen fehlten nicht. Meine Lehrtätigkeit am College habe ich in einem nüchternen Bericht niedergelegt:

Was einem förmlich entgegenspringt, ist der Optimismus der Studenten. Trotz großer Arbeitslosigkeit treten die jungen Amerikaner auf dem Campus und in den Kursen ausgelassen und fröhlich auf. Auf meine Frage an einen mir begegnenden Studenten, warum er so vergnügt sei und strahle, dass es anstecke, antwortete er mir ganz lakonisch: „Warum sollte ich traurig sein? Das ist gegen meine Gesundheit." Etwas ernsthafter: Woher rührt dieser Optimismus? Zum Teil sicher aus einer gewissen Naivetät und Unerfahrenheit. Die amerikanischen Studenten beginnen ihr Studium am College meist mit siebzehn oder achtzehn Jahren, also im Alter unserer Abiturienten. Zum anderen ist es ihnen bewusst, dass jede fachliche Qualifikation, der Baccalaureus, der Magister, sie im Wettbewerb um eine freie Stelle besser rüstet. Zweifellos erkennen die Studenten außerdem, dass ein Studium einen Wert in sich selbst birgt. Die Anspruchshaltung auf einen besonderen, gut bezahlten Posten, wie wir sie bei dem deutschen Studenten nach seinem Examen immer wieder erleben, wird nicht erkennbar.

Die Studenten zahlen für jedes Semester Studiengebühren: Pro Jahr 923,60 Dollar. Dazu kommen die Gebühren für Wohnung und Essen am College mit 1.475 Dollar für Bürger des Bundesstaates. Studiengebührenfreiheit ist die Ausnahme und gilt als Stipendium. Da viele Eltern die Studiengebühren für ihre Kinder nicht aufbringen können, müssen die Studenten häufig arbeiten gehen. Das College sorgt dabei mit Co-op-Jobs für entsprechende Verdienstmöglichkeiten.

Gab es schon bei der Grundhaltung der amerikanischen Studenten im kapitalistischsten aller Länder Irrtümer über vom Marxismus geprägte Vorstellungen, so müssen Marxisten auch umlernen, z.B. bei der Bezahlung. Für alle angebotenen Jobs gibt es im College die gleiche Entlohnung. Damit soll kein falsches Konkurrenzverhalten aufkommen. Ob Tutor oder Tellerwäscher – für alle gibt es den Minimallohn von 2.65 Dollar pro Stunde, inzwischen wurde der Betrag wohl auf 2.90 oder gar drei Dollar angehoben.

Von jedem Studenten wird erwartet, dass er zweiunddreißig *credits* in zweiunddreißig Stunden des amerikanischen Studienjahres erwirbt. Um diese *credits* (Leistungsergebnisse exakt: Gutpunkte) zu erreichen, muss der Student zahlreiche Tests absolvieren. Im Allgemeinen werden alle vier Wochen Testarbeiten geschrieben, die meist nach dem *multiple choice system* angelegt sind. Das hat zur Folge, dass man für den Kurs meist nur ein Buch benutzt, das sehr genau durchgearbeitet wird. Diese Bücher sind didaktisch geschickt aufgebaut. Der Hochschullehrer hat, wie bei uns der Gymnasiallehrer, dazu einen Schlüssel, womit er die Testfragen schnell überprüfen kann. Mehr Bücher, als eines anzubieten, gar eine Bücherliste, ist ungewöhnlich und verunsichert die Studenten. Die Bücher werden in jedem wiederholten Kurs erneut benutzt. Dadurch kann das Collegestore sie in großer Zahl einkaufen und preisgünstig abgeben. Die Studenten bieten am Ende des Semesters die recht gut erhaltenen Lehrbücher zu stark reduzierten Preisen an.

Einem auswärtigen Hochschullehrer bereitet dieses verschulte System zunächst einige Schwierigkeiten. Andererseits hilft ihm dies bei der Stofffülle, sich auf *ein* Werk zu konzentrieren. So kann er sich schnell fachliche und sprachliche Kompetenz erwerben.

Zusammenfassend habe ich bei vorsichtiger Einschätzung festgestellt, dass an den Hochschulen die Praxis vor der Theorie dominiert. (Allerdings habe ich in den Staaten nur vier Universitäten und drei Colleges kennengelernt.)

In meinem speziellen Fach, „TV-Produktion", werden die Studenten professionell an modernsten Geräten in sendefähigen Studios ausgebildet. (Lediglich Trenton fällt etwas zurück, da hier hauptsächlich mit Schwarzweißkameras gearbeitet wird.) Eine derartige Ausstattung ist für uns unvorstellbar, weil bei uns die Mittel nicht schwerpunktmäßig, sondern ängstlich nach dem Gießkannenprinzip verteilt werden.

Bei der starken Belegung der Kurse in der „TV-Produktion" im *Department of Media Communication* bot mir der Chairman des Departments an, im ersten Semester mit ihm zusammen im *team teaching* zu arbeiten. Das hatte für mich sowohl sprachliche als auch fachliche Vorteile. Ich konnte mich schneller in die Fachterminologie einarbeiten und zugleich die Lehrinhalte und -methoden kennenlernen.

Nach der Einführung durch Prof. Dr. Richard Warner und dem besprochenen Vorlauf, der von ihm getragen wurde, teilten wir die Kurse in zwei Gruppen, die wir dann wechselseitig betreuten. Grundlage für unsere Arbeit war ein TV-Handbuch von Herbert Zettl (ausgezeichnet didaktisch aufgebaut mit ausgearbeiteten illustrierten separaten Fragenkomplexen). Leider war die Qualität der Illustrationen in den Fragebögen nicht den Buchillustrationen adäquat. So gab es hin und wieder Unklarheiten bei den Studenten. Teilweise führte das zu unterschiedlichen Beantwortungen, die akzeptiert werden mussten. Wir benoteten die schriftlichen Arbeiten (Tests) gemeinsam. Zunächst leistete ich die

Vorkorrektur, der sich mein Kollege meist anschloss. Dann praktizierten wir es umgekehrt. Gemeinsam bereiteten wir auch die TV-Produktionen vor, die mit vorliegenden gedruckten Stücken (kleine heitere Sketche) begannen und schließlich zu selbst geschriebenen Entwürfen und Inszenierungen führten. Auffällig war die profi-praxisbezogene Zeitbegrenzung. Den Studenten wurde für die Vorbereitung (Proben) und Aufzeichnung von Anfang an genau die Zeit vorgeschrieben, die ihnen zur Verfügung stand. Diese Zeitspanne wurde ständig verkürzt. Auch der Teamwechsel erfolgte nach einem vorgesehenen Schema: Jeder Student hatte nach einem festgelegten neutralen Schlüssel jede Funktion innerhalb des Teams – vom Regisseur und Autor über den Bildmischer, Tonmeister, Kameramann, Oberbeleuchter zum Darsteller – einmal einzunehmen. Das entsprach auch unserer Praxis, doch ohne diesen Wechselzwang und Zeitdruck. Der Zeitdruck erwies sich jedoch als besonders vorteilhaft. Die Studenten hatten mit ihm keine Probleme, und der Kollege schaffte zu meiner Verblüffung ohne jegliche Schwierigkeiten das umfangreiche Programm so gut, dass am Ende noch Zeit für eine ausführliche Besprechung mit einer kleinen Abschlussfeier im normalen Kursablauf blieb.

Schwierigkeiten gab es jedoch mit dem schematischen Wechsel, wenn, was allerdings selten vorkam, Studenten bei einer Veranstaltung fehlten und sich daraus Doppel- und Dreifachfunktionen für die Teammitglieder ergaben. Trotz unseres Einspringens für fehlende Angehörige des Stabes gab es in der Grippeperiode erhebliche Probleme. Auffällig war die Disziplin der Studenten, die sich bei voraussehbarem Fernbleiben entschuldigten. Überhaupt versäumte ein Student nie, sich für die Abwesenheit zu entschuldigen. Nun muss man wissen, dass auch die Beteiligung, die regelmäßige Anwesenheit, ein Beurteilungskriterium für die Studenten ist.

Wie hier in Deutschland waren den Studenten schon zu Beginn des Kurses die Beurteilungskriterien genannt worden, die im Laufe der verschiedenen Arbeiten immer exakter bestimmt wurden. Allerdings vermisste ich eine ausführliche Erklärung der Benotung der Tests wie der Produktionen. Die Noten wurden genannt und widerspruchslos akzeptiert, wie in den Staaten üblich. Die Endnote erfuhr der Student erst über die Verwaltung.

Im zweiten Semester übernahm ich zwei Filmkurse, einen Kurs für Anfänger und einen für Fortgeschrittene. Da uns von diesem Zeitpunkt an ein eigenes kleines Farbstudio zur Verfügung gestellt wurde, konnten praktische Übungen wie Bildkomposition, Ausleuchtung, Schwenks, Fahrten, Erprobung der schwierigsten Spielszenen als Testaufnahmen sofort aufgezeichnet und überprüft werden. Alle Studenten lieferten am Ende ein klares optisches Drehbuch und eine gute Fotostory ab.

Die Mehrzahl schaffte sogar die Umsetzung mit dem Film. In Deutschland wäre es unmöglich gewesen, für alle fünfundzwanzig Studenten Super-8-

Kameras zur Verfügung zu stellen. (Wir besitzen in Frankfurt ganze zwei, eine davon ist sogar nur geborgt.)

Die Studenten waren verblüfft, dass ich nicht die Filme behielt, für die sie, genau wie auch in Deutschland, die Kosten selbst tragen müssen. Ich blieb jedoch bei der Praxis, dass bei eigener Materialstellung auch das Produkt den Studenten gehört. Allerdings werden in den USA die Materialien zentral beschafft und den Studenten weit unter dem üblichen Preis angeboten.

Durch den Nobelpreis geadelte oder noch nicht geadelte Forschungsergebnisse, interessante Vorlesungen sowie Veranstaltungen aller Art werden von den Studenten und Hochschullehrern dieser Departments aufgegriffen, visualisiert und auf den riesigen Bildungsmarkt der Vereinigten Staaten geschickt, wo sie durch Verleih oder Verkauf der jeweiligen Universität und den Studenten Ruhm, Ehre und Geld bringen; Geld für die Studenten insofern, als ganze Teams dafür ohne Studiengebühren bleiben und bei dem Verkauf an Fernsehanstalten neue Geräte angeschafft werden können, die wiederum zur Attraktivität des jeweiligen Colleges oder der Universität beitragen.

Mein Kollege Warner und ich fanden im staatlichen *William Patterson College* ein Media Department vor, wo jeder Student seinen eigenen ¾"-Video-Recorder mit nach Hause nehmen konnte, weil die Studenten eine große Zahl ihrer Produktionen an das Fernsehen verkaufen konnten.

Das alles funktioniert nur, weil an den Universitäten und Colleges der Minimum-Sendestandard mit ¾"-Geräten vorhanden ist und dadurch über den Kontinent hinweg ausgetauscht werden kann. Bei zu erwartenden Erfolgsproduktionen werden sofort zweisprachige englische und spanische Fassungen hergestellt, um sie auch in Südamerika verleihen oder verkaufen zu können.

Selbstverständlich haben Colleges oder Universitäten ihre eigenen Radiosender, in denen nach Erwerb der Sendelizenz jeder mitarbeiten kann, was wiederum auf das Studium angerechnet wird.

Diese Sender arbeiten unterstützt von der jeweiligen Hochschule selbstständig und senden zu festgesetzten Zeiten, so weit wie ihr Sender reicht.

Nebentätigkeiten in den von den Universitäten und College-Verwaltungen geforderten Studentenzeitungen werden ebenfalls graduell auf das Studium angerechnet. Ein verantwortlicher Chefredakteur bekommt mehr *credits* als ein normaler Mitarbeiter (z.B. Redakteur), da er wesentlich mehr Zeit dafür aufbringen muss. Die Frau, die das Layout und witzige Zeichnungen macht, erhält entsprechend ihrem Arbeitsaufwand eine ähnliche Punktzahl angerechnet wie der Chefredakteur (wobei alle Mitarbeiter dem Risiko des Abgewähltwerdens bei Nichtgefallen der kostenlos verteilten Zeitungen ausgesetzt sind).

Kämpfe um Studenten finden bedauerlicherweise auch innerhalb der Colleges und Universitäten statt, weil ein Kurs bei Unterbelegung (unter fünf Studenten) von der Verwaltung gestrichen wird. So kommen manche Hochschullehrer nicht auf ihr Stundensoll und können, falls sie nicht *tenure* haben, entlassen werden. Folglich versucht jeder Hochschullehrer, seine Kurse so attraktiv wie möglich anzubieten. Geradezu journalistisch aufgemacht erscheinen die Titel der Ankündigungen. Natürlich spielt auch ihre Persönlichkeit, ihre fachlich-didaktische Kompetenz, eine bedeutende Rolle, um möglichst viele Studenten um sich zu scharen. Manche Professoren versuchen auch, sich durch Gefälligkeitsnoten beliebt zu machen. Das spricht sich bei den Studenten schnell herum und kann zu einem Ansturm auf die Veranstaltung des Hochschullehrers führen.

Zur Vereidigung nach der Berufung in Frankfurt gehörte auch die Verpflichtung, sich an der akademischen Verwaltung zu beteiligen. Als neu berufener Universitätsprofessor ahnte man nicht, welche Last man sich damit auf die Schultern lud. Jeder Mittwochnachmittag war für Sitzungen frei zu halten. Zunächst gehörte ein Lehrender zum Direktorium des Instituts, also mindestens einmal im Monat von vierzehn bis circa neunzehn Uhr Direktoriumssitzung. Falls die Tagesordnungspunkte nicht alle abgearbeitet werden konnten, erfolgte die Vertagung (Fortsetzung) auf den nächsten Mittwoch. Dazu kam, dass jeder der Hochschullehrer einmal die Geschäftsführung zu übernehmen hatte. Amtszeit ein Jahr, doch hier reichte der Mittwochnachmittag nicht aus. Die Liste der Tagesordnungspunkte musste aufgestellt und verteilt, eingebrachte Erweiterungen berücksichtigt werden. Und last but not least Protokolle mit Einsprüchen korrigiert auf dem Tisch liegen. Man kann sagen, dass das mindestens zwei zusätzliche Arbeitstage bedeutete. Nach jeder Sitzung stand außerdem die Erarbeitung des Protokolls an. Selbstverständlich gehörte zur akademischen Selbstverwaltung die Teilnahme an den Fachbereichsratssitzungen. Zum Fachbereichsrat wurde man ohne viel Federlesens gleich zu Anfang der Lehrtätigkeit gewählt – ein weiterer zusätzlicher Mittwochnachmittag. Las man die umfangreichen Papiere, meist neue Studienordnungen von anderen Instituten, kamen schnell weitere Nachmittage hinzu. Neben der eigentlichen Lehre von acht Stunden plus entsprechenden Vorbereitungen für Seminare und Vorlesungen addiert sich die Arbeitsstundenzahl auf circa zwanzig. Die regelmäßigen wöchentlichen Sprechstunden von mindestens drei Stunden erhöhen die Arbeitszeit auf circa fünfundzwanzig. Natürlich kann bei solch intensiver akademischer Selbstverwaltung die eigentliche Verwaltung der Universität recht klein gehalten werden. Bei all der Freude über die neue Lehr- und Forschungstätigkeit bekommt man bald ein großes Unbehagen, wenn das Wort *Sitzung* auftaucht. Formulare, die man für die Verwaltung am laufenden Band ausfüllen muss und meist nicht richtig ausfüllt, steigern die Abneigung gegen jegliche Form von Verwaltungstätigkeit. Nach meinen Erfahrungen in den USA reichte es mir. Ich schrieb einen Brief an die Universitätszeitung, den *UNI-Report*:

Prof. H.-J. Brandt   29. April 1981
                                                                       Bra/mi

An die Pressestelle
der Joh. Wolfg. Goethe-Universität
UNI-Report

Frau Dr. A. Forberger
Herrn Reinhard Heisig

durch Hauspost

Sehr geehrte Frau Forberger,
Sehr geehrter Herr Heisig,

mit Verblüffung erhielt ich vor einigen Tagen dieses Schreiben.
Nachdem sich mein Erstaunen gelegt hat, möchte ich Ihnen doch dieses Merkblatt nicht
vorenthalten

Mit freundlichen Grüßen
Ihr
(H.-J. Brandt)

Anlage

                                    *****

Zentralverwaltung der   Tel.: 007/4711
Universität
Präsidial- und Kanzleramt   Zeichen
Koordinationsbüro   F/KK

Betreff:
Merkblatt für die akademische Selbstverwaltung

Aus gegebenem Anlass machen wir Sie auf das neue „Merkblatt für die akademische
Selbstverwaltung" aufmerksam, das eine weitere Überlastung der zentralen Verwaltung
unterbinden soll.

gez. Frust
Obersekretär

Merkblatt für die akademische Selbstverwaltung

Der tiefere Sinn der akademischen Selbstverwaltung ist, die zentrale Verwaltung so klein wie möglich zu halten.

Akademische Selbstverwaltung heißt, dass wissenschaftliche Mitarbeiter, Dozenten und Professoren, lernen, wie gute Sekretärinnen zu funktionieren. Die zentrale Verwaltung sorgt dafür, dass z.B. jedes richtig ausgefüllte Formular zum Erfolgserlebnis wird.

Akademische Selbstverwaltung bedeutet, dass alle Lehrenden so intensiv sitzen, abstimmen, verwalten, bis sich alle o.g. als Studenten der Verwaltungswissenschaften zum Examen an der Verwaltungsakademie in Speyer melden können.

Selbstverständlich entfallen damit alle Lehr- und Forschungsaufgaben in den eigenen Fachgebieten.

Die Zulassung zum Examen setzt die Einsparung der Sekretärin und eventueller Hilfskräfte voraus. (Die Einsparung wird als bestandene Zwischenprüfung gewertet.)

Nach acht Semestern Studienzeit hat die Meldung zum Verwaltungsexamen zu erfolgen. (Studienverlängerung kann Suspendierung vom Dienst bedeuten! Ein eventuell angenommener Ruf von einer anderen Universität enthebt den Kandidaten nicht von der Prüfungsverpflichtung – wir verweisen auf die bundeseinheitliche Regelung.)

Ziel der akademischen Selbstverwaltung ist die Umwandlung der Universität in eine Verwaltungsakademie.

JOHANN WOLFGANG GOETHE-UNIVERSITÄT FRANKFURT AM MAIN

DER PRÄSIDENT

19. 5. 1981   Az 2. 72. 01

Pressestelle der Universität, 6000 Frankfurt am Main 1

Herrn
Prof. H. -J. Brandt
Institut für Kunstpädagogik

Hauspost

Pressestelle

Senckenberganlage 31
6000 Frankfurt am Main 1
Telefon (06 11) 7 98-24 72/25 31
Telex 04 13 932 unif d

Sehr geehrter Herr Brandt,

ich danke Ihnen für die Zusendung des "Merkblattes für die akademische Selbstverwaltung". Meine Kolleginnen und ich waren sehr amüsiert. Leider ist die Sondernummer des Uni-Report zu den Wahlen so umfangreich geworden, daß ich den Text nicht mehr aufnehmen konnte.

Bei dieser Gelegenheit darf ich Ihnen mitteilen, daß Frau Dr. Forberger seit Ende April nicht mehr in der Universität tätig ist.

Mit freundlichen Grüßen
i. A.

(Reinhard Heisig)

18. Entwicklungshilfe am Beispiel Jordanien (1985)

Am 15. November 1985 reiste ich im Auftrag der *Gesellschaft für technische Zusammenarbeit* (GTZ) in Darmstadt für circa einen Monat (bis zum 21. Dezember 1985) als wissenschaftlicher Berater nach Jordanien. Was ich dort an der *Yarmouk-Universität* in Irbid als Ergebnis der bisher geleisteten Entwicklungshilfe vorfand und was ich selbst erlebte, hat in mir einige Zweifel an der Entwicklungshilfe ausgelöst.

Jetzt begreife ich, was mit *Entwicklungshilfe* gemeint ist. Da soll zum Beispiel ein deutscher Professor die Gelegenheit bekommen, alle audiovisuellen Geräte, die er in Frankfurt nicht hat und auch nie haben wird, gründlich auszuprobieren und mit den jordanischen Wissenschaftlern und Technikern maximal anzuwenden. Schließlich hat die *Gesellschaft für technische Zusammenarbeit* für das Studio des *Educational Centre for Research and Development* der *Yarmouk-Universität* in Irbid die runde Summe von etwas über einer Million DMark an Ausrüstung ausgegeben. Da es der angereiste Helfer in annähernd zehn Jahren nur auf ganze 85.000 DM gebracht hat, soll er wenigstens einmal sehen, wie man arbeiten könnte.

Weil so ein Entwicklungshelfer nur ganze sechs Wochen vor Ort ist, muss seine Anwesenheit richtig genutzt werden. Neben der Film- bzw. Videoproduktion, die täglich acht Stunden dauert, lehrt er an zwei Tagen die üblichen acht Stunden pro Woche. Der Samstag und der Sonntag sind normale Arbeitstage, der Freitag, der ein Sonntag ist, bietet zum Beispiel die Möglichkeit, die Drehtage zu organisieren oder kleine, nicht zufriedenstellende Szenen zu wiederholen. Nun gibt es auch in Irbid den Achtstundentag an der Universität. Das heißt aber nicht, dass pausenlos gearbeitet wird.

Natürlich bemüht man sich in einem Entwicklungsland und an einer Universität wie der in Irbid, zumindest den Standard der Bürokratie in Frankfurt zu erreichen. Dem sind sie hier schon beachtlich nahe gekommen. So reist der Entwicklungshelfer mit dem Kameramann an seinem freien Wochenende, dem Freitag, zu einer wichtigen Konferenz nach Amman, um sie aufzuzeichnen. Diese wichtige Konferenz findet aber nicht statt.

Zu den Glanzstücken der arabischen Universität zählt eine Modellschule, eine integrierte Gesamtschule für alle Arten von Unterricht. Doch auf den einfachen Einsatz von Schulbussen, die die Schüler zum Studio transportieren könnten, auf Schüler überhaupt, wird verzichtet. Dafür übernehmen die Pädagogikstudenten die Rolle der Schüler, um so den jeweils unterrichtenden Kommilitonen zu prächtigen Noten zu verhelfen.

Das angedeutete Fahrzeugproblem lässt sich als lustiges Spiel für den angesetzten Drehtag verstehen. Steht nach dem täglichen Kampf um den Kombiwagen für das umfangreiche Gerät endlich das Fahrzeug bereit, fehlt der Fahrer. Bekommt man nach umständlichen Telefonaten mit der Fahrbereitschaft einen Fahrer, fehlt das Fahrzeug. Hat man endlich beides und dreht fröhlich auf dem weiten Gelände der Universität abseits vom Kombi, transportiert der hilfreiche Fahrer inzwischen die durch lange Fußwege strapazierten Studenten. Das heitere Team schleppt inzwischen schnaufend und schwitzend die gesamte Ausrüstung zu einem anderen Drehort. Sport muss sein.

Die Geologie befindet sich fest in deutscher Hand. Jordanische Wissenschaftler überraschen den Helfer mit norddeutschem Akzent (Studium und Promotion in Kiel). Die Leitung des Instituts hat eine deutsche Professorin (Prof. Dr. Gruber), die sich über die speziellen Sprachkenntnisse ihrer Studenten freut. Welche würdige deutsche Professorin ohne Entwicklungshilfeerfahrung schmunzelt nicht, wenn der emsige Student sie mit „Guten Morgen, mein Liebling. Wie geht es Dir?" begrüßt?

Der jordanische Biologieprofessor, der ohne Showgehabe vor der Kamera ins Meer taucht und prompt die angekündigten Fische heraufbringt, dürfte sicher nicht zum Standard deutscher Professoren zählen.

Entwicklungshilfe leistet auch Amerika. Aus den USA kamen für das *Physical Education Department* für über eine Million Dollar so viele biomechanische Geräte, dass man sie gar nicht erst alle richtig aufgestellt hat.

Von den Sporthallen allerdings kann man nur träumen. Eine Mehrzweckhalle und eine Halle, die als Sportstadion dient, bieten neben einem offenen Stadion und weiteren freien Plätzen selbst Frankfurt mit seinen wahrlich guten Ansätzen konkurrenzlos paroli.

Damit es aber mit der Entwicklungshilfe nicht gar zu schnell vorangeht und die Bundesrepublik vollends überholt wird, gibt es, Allah sei Dank, ein paar vorsorgliche jordanische Praktiken:

Jeder Entwicklungshelfer vervollständigt mit seinem Kommen die Ausstattung der *Yarmouk-Universität*. So durfte ich eine nagelneue JVC-Kamera mit eingebautem Recorder und zehn Video-Kassetten für circa viertausend DMark als Präsent der Bundesrepublik für das Studio des *Educational Centre* mitbringen. Die Kamera wurde jedoch gleich am Flughafen beschlagnahmt. Kurz vor Ende meines Aufenthalts bekamen wir sie endlich zugesandt, so dass ich sie doch noch erproben und freundlich weiterreichen konnte.

Eine Kamera natürlich, wie ich sie nie in Frankfurt für unser Studio erhalten würde.

19. Filmkritiker und *Fulbright Fellow* (1992–1997)

1993 veröffentlichte ich im Wissenschaftsmagazin der Universität, *Forschung Frankfurt*, meinen Aufsatz über Wolfgang Liebeneiners NS-Propagandafilm „Ich klage an":

NS-PROPAGANDAFILM

„Ich klage an" vordergründig das Problem der Tötung auf Verlangen behandelt, im propagandistischen Kern aber in einer Nebenhandlung die Tötung von Geisteskranken, von „lebensunwertem Leben" zum Thema hat. Ein Gesetz für die Euthanasie wurde nie erlassen, weil der Geheimbefehl Hitlers – den Liebeneiner kannte – längst für die Vernichtung „lebensunwerten Lebens" sorgte. Eine öffentliche Diskussion über den Massenmord an Geisteskranken löste nicht der Film Liebeneiners aus, sondern die Wochen früher gehaltene Predigt des Kardinals nachdem die Vernichtungsanstalten durch ihre Tätigkeit und deren Folgen die Bevölkerung beunruhigt hatten.

Liebeneiner tut so, als ob sein „Euthanasiefilm" ohne eine Nebenhandlung gelaufen wäre. Damit verschleiert der Mitautor und Regisseur seine wahre Rolle als Propagandakünstler des Nazis, die ihn für sein Tun hoch belohnten. Seine Behauptung, daß dieser Testfilm letztlich zur Beendigung der Tötung von Geisteskranken beitrug, widerlegen die Fakten. Praktisch stoppten die Euthanasieanstalten nach öffentlichen Protesten, besonders von seiten der katholischen Kirche – nach der Predigt des Grafen Galen am 3. August 1941 – am 24. August die Vergasung von Geisteskranken. Der Film „Ich klage an" hatte seine Uraufführung am 29. August 1941.

Der parteilose NS-Professor bekennt sich auch nach dem Zusammenbruch des Nazi-Terror-Regimes unumwunden zu seinem Film: „Ich habe mich von dieser Arbeit niemals distanziert, weiß aber selbstverständlich wie umstritten das Problem ist und gebe zu, daß man sehr

darüber streiten kann, ob es richtig und ob es klug war, einen solchen Film gerade in der Nazizeit zu machen. Ich bin aber bis heute davon überzeugt, daß der Film Gutes bewirkt, ja vielleicht sogar Menschenleben gerettet hat und muß daher natürlich auch Angriffe ertragen, vor allem solcher Menschen, die die Tötung auf Verlangen unter allen Umständen für ein Verbrechen halten."

Literatur

Boberach, Heinz (Hrsg.) Meldungen aus dem Reich. Die geheimen Lageberichte des Sicherheitsdienstes des SS 1938. Bd.9 Herrsching: Manfred Pawlak Verlagsgesellschaft (1984).
Goebbels, Josef; Fröhlich, Elke (Hrsg.): Die Tagebücher von Joseph Goebbels. Sämtliche Fragmen-

te. München. New York. London. Paris: K.G. Saur (1987).
Hippler, Fritz: o.J. Die Verstrickung. Einstellungen und Rückblenden. Düsseldorf: Verlag Mehr Wissen, o. J.
Hippler, Fritz: Betrachtungen zum Filmschaffen. Berlin: Max Hesses Verlag, 6. Auflage (1943).
Klee, Ernst: a „Euthanasie" im NS-Staat. Die „Vernichtung lebensunwerten Lebens." Frankfurt/Main: Fischer TB 4326 (1985).
Klee, Ernst: b Dokumente zur Euthanasie. – Frankfurt/M. Fischer TB 4327 (1985)
Leiser, Erwin: „Deutschland, erwache!" Propaganda im Film dess Dritten Reiches. Reinbek bei Hamburg: Rowohlt TB (1968)
Rost, Karl Ludwig: Sterilisation und Euthanasie im Film des „Dritten Reiches". Nationalsozialistische Propaganda in ihrer Beziehung zu rassehygienischen Maßnahmen des NS-Staates. Husum: Matthiesen (1987).
Wulf, Josef: Theater und Film im Dritten Reich. Eine Dokumentation. Gütersloh: rororo Taschenbuchausgabe vom Sigbert Mohn Verlag (1964/1966).

Prof. Dr. Hans-Jürgen Brandt (62) studierte Germanistik und Körpererziehung in Leipzig mit den Staatsexamensabschlüssen in beiden Fächern. Von 1954 bis 1962 arbeitete er als Regieassistent, dann als Regisseur in den DEFA-Studios in Babelsberg. Danach war er als Fernsehregisseur und Redakteur an den Sendern Stuttgart, München und Hamburg bis 1969 tätig. Von 1969 bis 1973 war er stellvertretender Leiter der Unterrichtsmitschau am Staatlichen Studienseminar in Hamburg. Ab 1971 lehrte er als Studienrat Deutsch und Sport am Gymnasium in Langenhorn. Seit 1973 ist er Professor für Film und Fernsehen am Institut für Kunstpädagogik der Johann Wolfgang Goethe-Universität in Frankfurt. Seine Forschungsthemen sind: Geschichte des deutschen Spiel- und Dokumentarfilms, Theorie des Films und des Fernsehens und die Medienpädagogik. Am Institut für Museologie der Hochschule für Wissenschaft, Technik und Kultur in Leipzig übernahm er als Gastprofessor vom Wintersemester '92 an den Aufbau der Fachrichtung Museumsdokumentation.

Nach meiner Entpflichtung 1995 lehrte ich noch offiziell ein Semester, um die Zeitspanne bis zu einem Nachfolger zu überbrücken und den verbliebenen Studenten die Examina abzunehmen. Anschließend ging ich als Austauschprofessor und *Fulbright Fellow* für ein weiteres Jahr in die USA an das *College of New Jersey* in Trenton. Meine Tätigkeit am College und die Lektionen in Demokratie, die ich dort erhielt, habe ich pflichtgemäß als *Fulbright Fellow* in Englisch beschrieben:

This is a report of my year as a *Fulbright Fellow* in the *Department of Communication Studies of The College of New Jersey* for the 1996–97 academic year. A successful exchange program has existed between *The Col-*

lege of New Jersey and the *J.W. Goethe University* in Germany for nearly 25 years.

As a film maker and film historian, one of the main goals of my year was to develop expertise in computer-aided techniques of video production. To my great disappointment, I found that no modern equipment for this purpose exists at the *College of New Jersey*. Using the older video equipment on campus, I did succeed in making two 20 minute productions with my students. In my courses I also taught TV production fiction and non-fiction theory. In the second semester, I gave lectures about the Nazi period in Germany using Leni Riefenstahl's documentary „Triumph of the Will" as core material.

With my colleague, Terry Byrne, we organized and supervised a TV workshop during the two semesters. We worked together in a good team. At the end of each semester we and the students had produced a TV show for the public. The collaboration with my colleagues of the department couldn't be better. In several meetings I recognized the practiced democracy.

During my vacation, I made a 30 minute video production for a local museum called Rockingham which once was the Headquarters for George Washington during his Revolutionary War campaign.

Meanwhile, on campus, another war is in progress. It is between the faculty and students versus the campus administration and the President. Dr. Harold Eickhoff, President of the *College of New Jersey* for eighteen years, has striven to promote the College into the upper echelon of American higher education. As the measure of his success, he points proudly to high rankings in Money Magazine and U.S. News and World Report. In the meantime, he has constrained the promotion and tenure at the College among faculty and administrators creating a severe decline in morale.

There is a nationally famous artist on the faculty whose specialty is printmaking. He has had his work exhibited all over this country and has received praise from his peers in articles, reviews and gallery catalogues. In fact, the President featured his work in many of the publicity pieces for the College of New Jersey. When this faculty member came up for promotion, Dr. Eickhoff declined, saying that yes, he is an excellent teacher and artist, but where are his books and journal publications? What record of community service does he show? So criteria for reviewing a scientist or a literary person were misapplied to this excellent artist.

The case of Dr. Dan Schmidt was different. Schmidt is well known in the world of science through his publications. One publication of another kind got him into trouble. He wrote a letter to the student newspaper, *The Signal*, stating that the College is ruled from the President's Office by an atmosphere of fear. Unfortunately during this exercise of free speech, he applied for tenure and was fired by Dr. Eickhoff. Protests from students and faculty came too late because the President had acted during a vacation period.

I have been a faculty member, a dean and institute's director at my German university for over 23 years. So I have some experience in academic administration. The worst lesson in democracy during my year at the *College of New Jersey* concerned confirmation of a new Academic Vice-President. The President had replaced four or five people in this position over the course of time. Now he found a very nice and friendly woman and appointed her to the job. But he wished to have her officially elected to the position because she has worked so successful with him. A Selection Committee was appointed and compiled a list of candidates but her name did not appear. The President reacted by firing the Chairperson of the Selection Committee and another Committee member, both of who had voted against nomination of the incumbent. A strong protest arose from the faculty and the President was forced to compromise. The two persons dismissed could remain (for one year) along the present Academic Vice-President. But her name must appear on the next list of nominees.

I am disappointed to see the changes that have taken place at *The College of New Jersey* since my first stay as a visiting professor in 1978–79 under President Brower. Yes, the campus is clean and bright but spirits of the faculty are low and the image of academic freedom is showing tarnish. I can only hope that the winds of change will blow again and refresh this College, its students, and its faculty.

Rückblicke (1945–2006)

20. Der späte Beginn einer wunderbaren Freundschaft (1945/2002)

Eigentlich kannte ich zuvor nur seinen Vater, ohne zu wissen, dass er diesen großartigen Sohn hatte. Der Vater war mein Lehrer in Biologie, Dr. phil., promoviert in Chemie, genau, in der Mineralogie. Bei uns in der Klasse hieß dieser heitere riesige rotwangige Mann nur der „Luftschutzgeneral von Dessau". Er erschien nie in Uniform, sondern trat immer, wie der Chemielehrer, nur im weißen Kittel auf. Natürlich hatte er seinen Sohn nicht in der Goethe-Oberrealschule angemeldet, sondern, um einen Konflikt zu vermeiden, in der Friederich-Oberrealschule, die direkt nebenan lag. So musste ich mich mit der Bekanntschaft mit Gerd Krüger noch bis nach 1945 gedulden, denn am 7. März dieses Jahres versank die Stadt Dessau in einer Trümmerlandschaft – und mit ihr alle Oberschulen.

Wir begegneten uns also zum ersten Mal in dem Notquartier der Oberschulen: im Dessauer *Bauhaus* (Abb. S. 86*)*. Das *Bauhaus* war zwar teilweise ausgebrannt, hatte aber in der Grundkonstruktion durch sein Betoneisengerüst alles überstanden. Der linke Flügel war ganz heil geblieben. Der ausgebrannte rechte Flügel, ohne die herrlich großen Glasscheiben, wurde mit Ziegelsteinen bis auf ein winziges Fenster je Raum zugemauert und notdürftig mit Drahtglas versehen. In einem dieser trüben Räume begann nach dem *Zusammenbruch* der Unterricht. Gerd hatte annähernd die Größe seines Vaters, war jedoch schmaler und blond gelockt, also vollhaarig. Dieser große und kräftige Knabe hatte unbegreiflicherweise den Spitznamen seines Vaters geerbt – *Bubi*. Wie er mir später einmal sagte, konnte er mich nicht leiden. Das änderte sich nicht bis zum Abitur, nach dem wir uns aus den Augen verloren. Er studierte an der Technischen Hochschule in Dresden Elektrotechnik, Fachrichtung Energiewirtschaft, ich in Leipzig Germanistik und Körpererziehung.

Es dauerte noch bis zu den ersten Klassentreffen nach der Teilung, bis wir uns näher kamen. Der „Westteil" der Klasse fand sich traditionsbewusst sehr früh wieder zusammen, bis ich, reichlich spät, also ein Jahr nach dem Bau der Mauer, dazu stieß. Vielleicht verband uns gemeinsames Leid mit den Frauen und der verdammte Krebs. Jedenfalls besuchte Gerd mich hin und wieder in Frankfurt und ich ihn in München. Es gab sogar für mich ein Treffen an seinem Arbeitsplatz bei den *Bayer*-Werken. Ich war von der Schaltzentrale und von seinem Prokuristenbüro mächtig beeindruckt. So ergaben sich neben den Klassentreffen herrliche gemeinsame Weihnachten und Sylvester. Mittlere Besäufnisse auf dem Olympiahügel und zu Hause bei Gerd folgten, zu denen sich auch unser Klassenkamerad und unverwüstlicher Architekt, Dieter Märtens, gesellte. Jetzt gehöre ich zu Gerds Teilfamilie und er zu meiner. Diese „Teils-Teils-Familie" wird energisch und zugleich zärtlich zusammengehalten von meiner Lebensgefährtin Marie-Len Achterberg, die von Gerds Schwester Renate dabei tatkräftig unterstützt wird. Es gibt also nicht nur E-Mails, sondern immer wieder lebendige bewegende Begegnungen, Hoffnungen und Erwartungen auf baldige Besuche. Eines dieser Treffen fand zum 70. Geburtstag von Gerd in Wörlitz bei Dessau statt.

Zum 70. Geburtstag von Gerd Krüger
„Mir woll'n na Werltz fahrn"

Wenn man eine Reise tut und auf Einladung nach Wörlitz fährt, dann braucht man einen guten Gondoliere. Wir hatten einen kundigen, denn Gerd Krüger hatte als Sponsor den bestmöglichen ausgesucht. So erfuhren wir auf unserer Gondelfahrt, dass sich hier in Wörlitz Natur und Kunst von der Planung bis zur Ausführung in Harmonie befanden und jetzt wieder befinden. Der Biber baut hier erneut seine Dämme, selbst ein Eisvogel hat sich niedergelassen. So muss man nicht allein den stolzen Pfau bestaunen. Den Eisvogel sahen wir natürlich nicht. Auch die Kühe, die hier früher auf den Wiesen weiden sollten und nachweislich auf alten Stichen noch zu sehen wären, fanden wir in der Ausstellung im wieder hergerichteten Wirtschaftsgebäude auf den Stichen nicht. So liefen sie auch jetzt nicht auf den Wiesen herum. Die Brückenmodelle der Ausstellung allerdings wiesen auf geplante und vollzogene Erneuerungen hin. Alles soll in altem Glanz neu erstrahlen. So manche Brücke blitzte und funkelte schon, vor allem die Sonnenbrücke. Wir hörten auch, dass der Vater von Didi Hallervorden, damals der leitende Gärtner der Wörlitzer Anlagen, den jüdischen Tempel (die Synagoge) vor den Nationalsozialisten rettete. Und natürlich, dass Didi Hallervorden nicht in Dessau, sondern in Wörlitz geboren sei. Was wir leider nicht hören konnten, war die spezielle Sprache der Wörlitzer beziehungsweise der Dessauer, denn unser Gondoliere sprach selbstverständlich Hochdeutsch. Hier gilt es, einen kleinen Exkurs zu machen, um Minimalkenntnisse im Dessauischen zu vermitteln. Das Dessauische kennt praktisch den Dativ nicht. Mir ist nur eine einzige Ausnahme bekannt. Also:

> Mir und mich verwechsle ich nich,
> das kommt bei mich nicht vor.
> Komm bei mich und bleib bei mich,
> Bei mich da lernste Bildung.

Ja, wann zum Donnerwetter tritt dann der Dativ auf?
Zum Beispiel bei: „Mir woll'n na Werltz fahrn".

21. Rede zum Tag der Deutschen Einheit am 3.10.2006

Meine Damen und Herren,

wie Sie sicher erwarten, ist für mich der 3. Oktober 1990 ein politisch wichtiger Tag in meinem Leben. Der Tag, an dem im Vereinigungsvertrag die Bildung von Ländern und ihr Beitritt zur Bundesrepublik festgelegt wurden – womit die DDR aufhörte zu existieren.

Ich war als DEFA-Regisseur am 10. Juni 1962 – ein Jahr nach dem Bau der Mauer – über die Stacheldraht bewehrte Mauer gesprungen, als „Sperrbrecher", wie man das damals bezeichnete. Für mich war danach ein anderer Tag zunächst sehr wichtig: der 21. August 1968.

In der Nacht zum 21. August 1968 marschierten Truppen des *Warschauer Vertrages* in die CSSR ein. Es marschierten nach unseren damaligen Kenntnissen auch Soldaten der *Nationalen Volksarmee* mit – gegen den Sozialismus mit menschlichem Antlitz des Alexander Dubcek. Für mich war das ein tiefer bestätigender Grund, nicht mehr ein Bürger der DDR zu sein.

> s' ist Krieg – s' ist Krieg! Oh Gottes Engel wehre
> und rede Du darein.
> s' ist leider Krieg – und ich begehre
> nicht Schuld daran zu sein.

Wie Mathias Claudius schreibt. Das gibt genau wieder, wie ich mich damals fühlte.

Der Tag, an dem die *Nationale Volksarmee* mit den Truppen des *Warschauer Paktes* in die CSSR einmarschierte, war für mich ein Tag der Trauer und gleichzeitig ein Tag des Gefühls der Unschuld.

Wie sich später herausstellte, hatte der Sowjetische Oberkommandierende, Marschall Jakubowski, die DDR-Truppen vor der Grenze zur Tschecho-Slowakei gestoppt. Es stimmte auch nicht, dass ich nach den Gesetzen der DDR nicht mehr Bürger der DDR war. Erst 1972 wurde ich aus der DDR Staatsbürgerschaft entlassen. Im Gesetz zur Staatsbürgerschaft der DDR von 1972 stand, dass alle Flüchtlinge, die vor dem 1. Januar 1972 die DDR verlassen haben, aus ihrer Staatsbürgerschaft entlassen seien und nicht weiter verfolgt würden. Das war für mich sehr wichtig, weil ich ostblockweit zur Fahndung ausgeschrieben war, wie ich ahnte – und später in meiner Stasi-Akte nachlesen konnte.

Der Tag, an dem die Mauer fiel, der 9. November 1989 war dann das wirklich große Ereignis: der Tag der reinen, uneingeschränkten Freude für mich und für die Mehrheit der Bürger der DDR.

Natürlich wurde man nach der Flucht automatisch Deutscher Staatsbürger beziehungsweise Bürger der Bundesrepublik Deutschland. Die Bundesrepublik als Rechtsnachfolger des Deutschen Reiches erkannte die DDR-Staatsbürgerschaft nicht an. Sie hielt an dem Gesetz von 1913 fest. Aber als Flüchtling anerkannt zu werden, war nicht so ganz einfach. Wir leben noch heute ohne einen Friedensvertrag, und so musste man damals aus dem Flüchtlingslager genau nach der Bedeutung der Besatzungsmächte die jeweils zuständigen Institutionen aufsuchen.

Nach meiner Flucht 1962 begann es für mich also bei den Amerikanern. Von ihnen erhielt ich mein erstes und einziges *Care-Paket*, mit einem Handtuch, Waschlappen, Rasierapparat mit Klingen, Rasierpinsel und Rasierseife. Dazu lag noch ein Notizblock mit Bleistift dabei. Ich habe noch heute diese Plastiktasche mit Reisverschluss und Henkeln. Hier in Dahlem in der *Historical Research Division* wurde man gut behandelt. Es gab ein hervorragendes Essen und, wenn ich mich recht erinnere, auch eine Übernachtung.

Als mich die Interviewerin jedoch nach den Flughangars auf dem Flugplatz von Bautzen befragte, wo wir mit unserem tschechischen Hubschrauber für unseren Film „Christine und die Störche" gestanden hatten, musste ich passen:

Soweit war die sozialistische Brüderlichkeit nicht gegangen, dass wir mit unseren tschechischen Piloten und der tschechischen *Mi* 4 ganz normal gegen den Wind über den Flugplatz starten konnten, sondern wir mussten am Rande des Flugplatzes stehend mit dem Wind abheben. Eine großartige Leistung der Piloten. Als wir gar über dem berüchtigten *Gelben Elend*, dem Zuchthaus von Bautzen, kreisten und die Piloten den tuckernden Motor abschalteten, auf Autorotation umstellten und erst im letzten Moment den Motor wieder in Gang bekamen, war es mit dem Abstellplatz auf dem Flugplatz vorbei. Am nächsten Tag erschien die *Stasi*, befragte hochnotpeinlich die Piloten, was da für Gründe vorlagen, um den Zuchthausinsassen, die gerade auf dem Hof Ausgang hatten, ein solches Schauspiel besonderer Art zu bieten. Aber beide erklärten, des Deutschen plötzlich kaum noch mächtig, nur lakonisch „Maschinka kaputt". Wir mussten von da an praktisch in der Stadt auf einem freien streng abgesperrten Platz stehen und starten und landen.

Die Amerikaner waren jedoch mit meiner Erklärung nicht sonderlich zufrieden. Und so wanderte mein Notizbuch, als ich einmal hinaus musste, von der linken Seitentasche in die rechte. Als ich mich darüber beschwerte, sagten sie nur: Kommen sie erst mal zu ihren Landsleuten.

Als nächstes folgten die Engländer, wo es einen schwarzen Tee und ein paar Kekse gab, mit der stereotypen Frage. „Und was haben Sie den Amerikanern gesagt?"

Die letzte Station war die der Franzosen. Es gab nichts zu Essen oder zu Trinken, nur wieder die stereotype Frage. Allerdings hatte ich den Eindruck, dass mir bei der Frage des Offiziers eine kräftige Alkoholfahne entgegen blies.

Bei den Deutschen, dem Bundesnachrichtendienst, war es wirklich unerfreulich. Keine Klinke innen an der Tür. Meine Erklärung, dass ich zu meinen Filmen stehe, besonders zu dem Kinderfilm „Christine und die Störche", brachten mir den Vorwurf ein, ein Kommunist zu sein, obwohl ich einer der wenigen Regisseure war, die nicht der SED angehörten. Ergebnis: Ich wurde als Flüchtling nicht anerkannt. Gott sei Dank, dass es die *Freiheitlichen Juristen* gab, die meinen Berufsweg kannten und diese Entscheidung aufhoben.

Im Lager Marienfelde lief alles seinen geregelten bürokratischen Gang. Danach gab es drei Kategorien von Flüchtlingen: 1. die Sperrbrecher, zu denen ich gehörte, 2. die Tunnelbauer, 3. die Schwimmer. Das bestimmte klar das System der Einkleidung. Die Schwimmer erhielten, weil sie völlig durchnässt waren, frische Unterwäsche und neue Oberkleidung, die Tunnelbauer einen neuen Anzug. Die Sperrbrecher, die als Mauerspringer durch die Luft flogen, brauchten natürlich nichts. Mein durch den Stacheldraht zerrissener Anzug machte mir nicht allzu viel aus, aber wenn man einige Wochen im Lager saß, bekam man doch Probleme mit der einzigen Unterhose, die man hatte.

Das Merkwürdige war jedoch, dass es 1962, also ein Jahr nach dem Bau der Mauer, in dem fast leeren Lager Marienfelde einen kleinen Schub von Flüchtlingen gab: Die Besatzung des Passagierschiffs *Friedrich Wolf* hatte ihren Kapitän festgesetzt und mit dem Steuermann nebst leichter Panzerung das Sperrfeuer der DDR-Wachboote durchbrochen. Mit etwas Eigengepäck erreichten sie das Westufer, also West-Berlin. Natürlich wurden sie als Schwimmer eingestuft und vollständig eingekleidet.

Alle, auch ich, wurden in dem fast leeren Lager, das für dreitausend bis fünftausend Flüchtlinge ausgelegt war, in einem Saal untergebracht. Es dauerte nicht lange, bis sich die Matrosen bei der Verwaltung beschwerten, dass ich zu laut schnarchte. Als ich die Bitte nach einem Einzelzimmer vortrug, tauchte wieder die Behauptung auf: Du bist ein Kommunist. Als ich mir auch noch das Du verbat, war es für den Verwaltungsbeamten sonnenklar, dass ich ein Kommunist sei. Ich bekam aber eins der leer stehenden Zimmer. Die Geschichte mit dem Klopapier will ich Ihnen ersparen, aber nur eines: es war hier im Lager sehr knapp.

Ich wurde von den Amerikanern ausgeflogen und landete in Westhofen bei Mainz, wo das ZDF seine Arbeit aufnahm. Aber die Redaktionen waren schon vollständig. Es gab keine freie Stelle für einen Regisseur. Der neue Unterhaltungschef des ZDF empfahl mir, es beim *Süddeutschen Rundfunk* in Stuttgart zu versuchen, weil er von dort mit der gesamten Redaktion nach Mainz gewechselt sei. Er gab mir zwanzig DMark, und mit dieser Summe trampte ich mit einem holländischen Lastwagen nach Stuttgart. Kurz vor Stuttgart bat mich der Fahrer jedoch auszusteigen, weil ich ihm vielleicht Ärger einbringen könnte. Ich bekam noch einen wunderbaren Kakao zum Abschied und zog leichtfüßig ohne beschwerliches Gepäck los.

Der Fernsehdirektor des SDR empfing mich ganz unbürokratisch und bat mich nur, meinen blauen Nylonmantel auszuziehen, den ich zur Abdeckung meines zerrissenen Anzugs immer anhatte. Diesen Nylonmantel hatte ich von unserem einmaligen Betrag von vierzig DMark, die wir im Lager bekommen hatten, gekauft. Daneben einen elektrischen Rasierapparat von *Braun* für circa zwanzig DMark, weil ich nach der Rasur mit dem Klingenrasierapparat aus dem *Care-Paket* immer aussah, als ob ich von der Mensur gekommen wäre. Ich blutete an nahezu jeder Hautfalte im Gesicht.

Ich legte also recht bedenklich den Mantel ab und zeigte mich mit meinem etwas zerrissenen Anzug. Der Direktor sagte nichts. Als Beleg für meine frühere Tätigkeit konnte ich ihm nur meinen DEFA-Regisseur-Ausweis zeigen. Horst Jaedicke sagte mir nur: „Wissen Sie was, schreiben sie mir ein Drehbuch, dann werden wir weitersehen."

Ich fuhr nach Konstanz, wurde im feinsten Hotel, dem *Zeppelin-Hotel* einquartiert, aus dem ich mich nur am Abend hinaus wagte und, Gott sei Dank auch hinaus musste, weil mein Thema eine Eisrevue war, genauer „Eine Eisrevue zieht um". Von einem möglichen Vorschuss, hatte ich keine Ahnung. Das einzige, was ich mir von meinen Diäten zu kaufen wagte, war eine Badehose für den Bodensee. Nach diesem Film erhielt ich einen Jahresvertrag und produzierte fleißig für das Kinder- und Unterhaltungsprogramm. Vor allem schrieb und drehte ich Serien mit dem Sensationsartisten und Stuntman Nummer eins der BRD, Armin Dahl.

Von Stuttgart aus wechselte ich zum *Bayerischen Rundfunk* nach München, zum Schulfernsehen, wo ich als Regisseur und Redakteur arbeitete.

1967 zog es mich durch eine Frau nach Hamburg zum NDR. Mein Chefredakteur hieß Joachim Fest. Er verteidigte meinen Film über die falsche Aufrüstung der Bundesmarine: Wir hatten mit Hilfe eines ranghohen Militärberaters gezeigt, dass die Bundesmarine mit ihren Fregatten gegenüber der DDR Marine mit ihren Raketenschnellbooten gar nicht aus den Häfen Kiel und Wilhelmshaven zum Auslaufen kommen würde. Die *Bild*-Zeitung tobte. Ich wurde zur Hardthöhe einbestellt. Da sich der damalige NDR-Intendant durch meinen Film in der Wiederwahl gefährdet sah, durfte ich vom politischen Magazin *Panorama* zum Bildungsfernsehen wechseln. Diese Tätigkeit befriedigte mich nicht. Ich stieg aus, mehr oder weniger gedrängt. Das war die persönliche Konsequenz einer umstrittenen Film-Abnahme.

Eine Abnahme in der DDR zeigt die Unterschiede der Verfahrensweise und die Folgen, wenn man einen politischen Film gemacht hatte. Stacheltierproduktionen der DEFA hatten die Funktion, vorsichtig und bescheiden über mancherlei Fehlentwicklungen in der DDR-Kritik zu üben. Einfacher war es natürlich, wenn man kurzerhand auf die Bundesrepublik auswich. Wir hatten uns dazu die Anhänger der Ufologen im Westen ausgesucht (UFOS = Unbekannte Flugobjekte = *Unknown Flying Objects*). Ich durfte dazu sogar nach West-Berlin fahren und mir die Materialien und das Buch des Ufologen Professor Adamski besorgen. Wir konnten die besten Darsteller gewinnen. In unserem Film zeigten wir, dass die UFO-Menschen überall unter uns sind. Aber man könne sie eben nicht erkennen, nicht sehen. Die Abnahme im Studio war überwältigend, man tippte zumindest auf den *Heinrich Greiff-Preis*. Ich wanderte also mit meinen Filmrollen gelassen zum Zentralkomitee der SED. Die abnehmende SED-Sekretärin des Zentralkomitees stand nach der Vorführung auf und brüllte mich an, ob ich denn wahnsinnig geworden sei, die Vertreter der Ufologen lächerlich zu machen. Sie seien jetzt mit ihrem Kampf gegen die Atombombe im Lager der Friedenskämpfer. „Das ist Konterrevolution. Der Film kommt nicht zur Aufführung. Sie werden dafür Sorge tragen, die Gelder, die Sie für den DDR-Staat verschwendet haben, zurückzuerstatten." Ich hatte mich also in der Produktion zu bewähren und sollte in Hoyerswerda das vorgeschriebene Soll Braunkohle fördern. Das hätte ich physisch nicht geschafft. Da blieb nur noch der Ausweg: Flucht.

Die persönliche Konsequenz der umstrittenen Abnahme bedeutete für mich in der Bundesrepublik, nach dem Bildungsfernsehen die Bildung in der Schule, am Gymnasium, zur Hauptaufgabe zu machen. Ich übernahm die stellvertretende Leitung der Unterrichtsmitschau am Studienseminar in Hamburg, und gleichzeitig wurde ich Referendar für die Unterrichtsfächer Deutsch und Sport an Gymnasien. Obwohl meine Professoren Hans Mayer, Ernst Bloch und Martin Greiner bereits wieder im Westen lehrten, musste ich zuvor alle Staatsexamina wiederholen. Das war üblich. Meine Beamtenurkunden lauteten von da an *Studienreferendar, Studienrat zur Anstellung, Studienrat*, bis ich den Ruf für die erste Filmprofessur an einer deutschen Universität in Frankfurt erhielt.

Während meiner fast fünfundzwanzigjährigen Lehrzeit schrieb und drehte ich parallel drei größere Filme: über Tycho Brahe, „Tycho Brahes Weg zu den Sternen" (ich wohnte in Hamburg im Tycho-Brahe-Weg), „Überall Musik" für den *Hessischen Rundfunk* und für den WDR: „Die *Ju 52*, ein Flugzeug erzählt Geschichte", eine Hommage an meinen Vater, den Flugzeugbauer, und eine Reverenz an meine Heimatstadt Dessau.

Während meines zweiten Aufenthalts als Gastprofessor in den USA, drehte ich für das *College of New Jersey* einen Dokumentarfilm über George Washington, in meinem jetzigen Unruhe-Ruhestand einen Film über Brauweiler unter dem Titel: „Auf den Spuren von Richeza, Königin von Polen."

Ich habe hier in Brauweiler meinen Lebenstraum verwirklichen können, ein Haus erworben, ich bin endgültig im vereinigten Deutschland angekommen. Ich lebe hier glücklich mit einer wunderbaren Frau, die mich praktisch von Hessen nach Nordrhein-Westfalen geholt hat (s. Abb. S. 95).

Das ist sozusagen die leichte Veränderung des Inhalts der Worte aus dem Buch Ruth der Bibel:

„Wo Du hingehst, da will ich auch gehen."

Anhang I:

Tabellarischer Lebenslauf

Geboren am	18.01.1931 in Zerbst/Anhalt, als Sohn des Flugzeugbauers Otto Brandt und seiner Frau Margarete, geb. Schöne.
1938–1941	Grundschule in Roßlau
1941–1949	Oberschule in Dessau bis zum Abitur 1949
1949–1954	Studium der Germanistik und der Körpererziehung in Leipzig
1954	Staatsexamina in beiden Fächern
1954–1955	Regie-Assistent im DEFA-*Studio für populärwissenschaftliche Filme* in Potsdam-Babelsberg (Kulturfilm)
1955–1957	Regisseur dieses DEFA-Studios
1957–1960	Regie-Assistent im DEFA-*Studio für Spielfilme* in Babelsberg
1960–1962	Regisseur für Spielfilme
1962–1963	Fernsehregisseur beim *Süddeutschen Rundfunk* in Stuttgart
1964	Studium der politischen Wissenschaften und der Volkskunde an der *Universität Tübingen*. Arbeit am Buch: „Witz mit Gewehr"
1964–1967	Schulfernsehredakteur beim *Bayerischen Rundfunk* in München
1967–1969	Fernsehredakteur beim *Norddeutschen Rundfunk* in Hamburg
1969	Wissenschaftliches Kolloquium für die I. Staatsprüfung Referendariat für die Lehrerbildung an Höheren Schulen
23. 2.1971	II. Staatsprüfung am Staatlichen Studienseminar in Hamburg
1. 4.1971	Studienrat zur Anstellung. Stellvertretender Leiter der Unterrichtsmitschauanlage am Studienseminar in Hamburg.
1.10.1973	Ernennung zum Studienrat im Beamtenverhältnis auf Lebenszeit
5.11.1973	Berufung zum Professor der *J. W. Goethe-Universität* Frankfurt
1. 4.1974	Aufnahme der Lehrtätigkeit am *Institut für Kunstpädagogik im Fachbereich* 9 (Klassische Philologie und Kunstwissenschaften)
1978–1979	Gastprofessor am *Trenton State College* in Trenton, N.J. USA
1979–1983	Geschäftsführender Direktor des *Instituts für Kunstpädagogik*
1992–1993	Geschäftsführender Direktor des *Instituts für Kunstpädagogik*
1980–1984	Gastdozentur an der *Schule für Rundfunktechnik* in Nürnberg
25.10.1985	Promotion zum Dr. phil.
1988–1989	Dekan des Fachbereichs Klassische Philologie und Kunstwissenschaften
1992–1995	Aufbau des Studiengangs „Neue Medien" im Museum am *Institut für Museologie an der Hochschule für Technik, Wirtschaft und Kultur* in Leipzig
1996–1997	Gastprofessur am *College of New Jersey* in Ewing, N.J. USA
2000–2009	Wissenschaftlicher Beirat der Universität Navarra/Pamplona, Spanien, für den *Europäischen Kulturkongress*

Anhang II

Ankündigungen von Antritts- und Abschiedsvorlesung

JOHANN WOLFGANG GOETHE-UNIVERSITÄT
Frankfurt am Main
Fachbereich Klassische Philologie und Kunstwissenschaften

EINLADUNG

zu der öffentlichen Antrittsvorlesung von
Herrn Prof. Hans-Jürgen Brandt
Institut für Kunstpädagogik

mit dem Thema

Gedanken zu einigen Helden
der Fernsehserien in der Bundesrepublik

im Hörsaal H 4 der Universität, Gräfstraße 48—52,
am Dienstag, den 20. Januar 1976, 16 Uhr c. t.

Der Dekan: Helmut Rahn

Institut für Kunstpädagogik
der Johann Wolfgang Goethe-Universität Frankfurt

Einladung

zur Abschiedsvorlesung
von Prof. Dr. Hans-Jürgen Brandt

Zum Ende des Sommersemesters findet die 22-jährige Lehr- und
Forschungstätigkeit von Prof. Dr. Hans-Jürgen Brandt an unserem
Institut ihren offiziellen Abschluß. Zur Abschiedsvorlesung

Film als Kunst – Kunst als Film

am 12.07.1996 um 10 Uhr c.t. im Hörsaal der Biologie, I. Stock,
Sophienstr. 1-3, laden wir Sie herzlich ein. Im Anschluß daran bitten wir
zu einem Buffet im Studio des Instituts für Kunstpädagogik.

Prof. Dr. Otfried Schütz   U.A.w.g.

Der unaufhaltsame

Aufstieg

einer Persönlichkeit

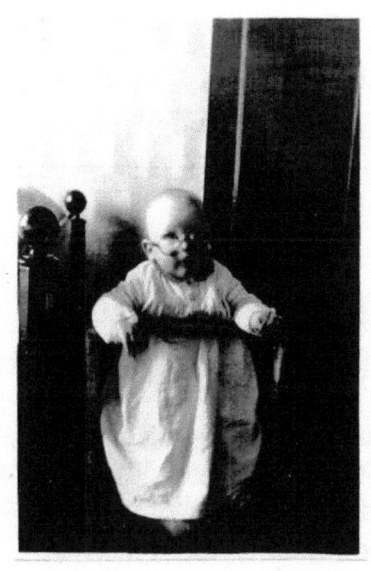

Das Arbeiter Bauernkind

Der Schüler

auf seinem steilen Weg
nach oben
(singend)

Der Schüler vor

Dem Haus in der
Rodebilleatr. 21

Der Volkstänzer

Der FDJler

Volkstanz dozent

Der Student

1954

bei Willi in Leipzig

Der Sportler

Der Filmregisseur

Der Fernsehregisseur

Der Studienrat

in Action

Der Professor

vor seiner Uni
1978

Opa, Mutti, Vati und ich

Wolfgang   Achim

FREUNDE

Günther Bruns

1948

Willi Schrader

Tangermünde 7.1.44

vor dem Rathaus

Conradis Haus
(Bruder meines Pflege-
vaters)

2. Pflegevater Lamprecht
Pol. Leiter der NSDAP
Haus in der Kirchstraße

Er liebte es, sich an Denkmälern aufzustellen

am meisten aber in der Nähe von nackten Frauen (verdämmt) oder Füße?

links neben der Figur

Doppelbelichtungen-

oder die Verwirrung
der Gefühle

Hertie

Herta Gazmargau

Die Pubertät

Koch, Noske, Krökel, Wilharm, Stolzenhain

Urlaubsreise
von
Tangermünde

Fölle, Diepolder, Kanne, Tricholt, Stahl Gustav, Knocke

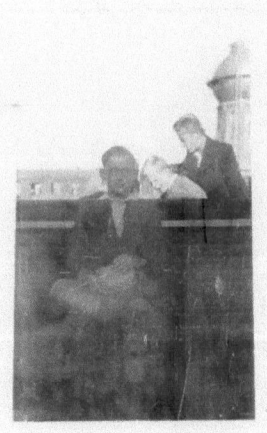

84

Enttrümmern durch die Schüler der Goetheschule

Die klasse im Bauhaus

in der Pfeffermühle

Ein Bild von Dr. Miller

(der Mann, mit dem Knick im Bein)

Kirchhoff, Koeppen,

Borne, Frisch

Schmidt, Miller v. d. Borne
Mertens und Franzen

Peter Pfeifer

Kirchhoff, Koeppen,
Mertens, Schmidt,
Franzen, Frisch, v. Borne

87

willi als Pasker

Die Volkstanz-
gruppe der
"jungen Bühne"

Weihnachtsfeier

Ursel (Gerlach)
+
Hans-Jürgen

Tanzstunden Dame
1. Kuss + 1. Gedicht (Heine)

II. Internationaler Studentenkongreß in Prag vom 14. – 24. August 1950

An der Ostsee als Sportstudent

Ruderlager

in Schwerin

7. 1952

Sportstaatsexamen 1954 mit Müggo, Kotzig, Bormann

L. Tannhäuser
Löscher, Ptazek
Br. Tischler, H. Lohmann
Bauer,

Karl Seiler (Seili Karler)

Ursel (Gerlach)
+
Hans-Jürgen

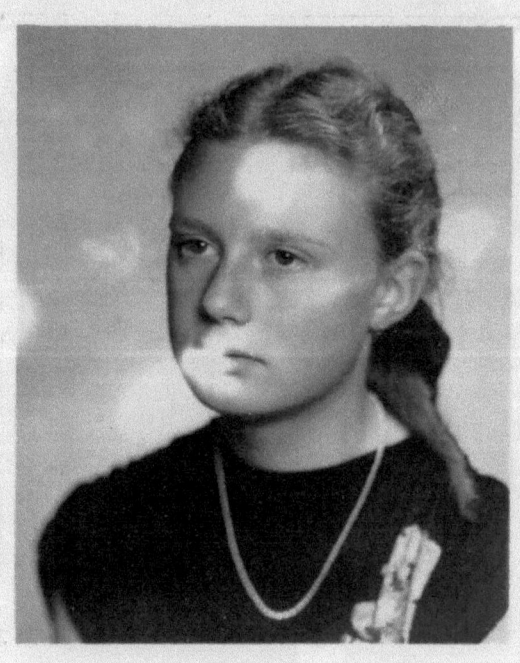

Ursel Gerlack

Nach 18 jähriger Wartezeit
konnte endlich am 02.12.2015
Geheiratet werden. Einglückliches
Ehepaar: Marie-Len-Achterberg
sind Hans-Jürgen Brandt